As Misericórdias portuguesas

Confira as publicações da Coleção FGV de Bolso no fim deste volume.

FGV de Bolso
Série História
26

As Misericórdias portuguesas

séculos XVI a XVIII

Isabel dos Guimarães Sá

Copyright © 2013 Isabel dos Guimarães Sá

1ª edição — 2013

Impresso no Brasil | *Printed in Brazil*

Todos os direitos reservados à EDITORA FGV. A reprodução não autorizada desta publicação, no todo ou em parte, constitui violação do copyright (Lei nº 9.610/98).

Os conceitos emitidos neste livro são de inteira responsabilidade do autor.

COORDENADORES DA COLEÇÃO: Marieta de Moraes Ferreira e Renato Franco
PREPARAÇÃO DE ORIGINAIS E REVISÃO: Dora Rocha
DIAGRAMAÇÃO, PROJETO GRÁFICO E CAPA: dudesign

**Ficha catalográfica elaborada
pela Biblioteca Mario Henrique Simonsen/FGV**

Sá, Isabel dos Guimarães, 1958
 As Misericórdias Portuguesas, séculos XVI a XVIII / Isabel dos Guimarães Sá. - Rio de Janeiro : Editora FGV, 2013.
 150 p. – (Coleção FGV de bolso. Série História)

 Inclui bibliografia.
 ISBN: 978-85-225-1306-2

 1. Assistência social - Portugal- História. 2. Fundações e instituições beneficentes - Portugal - História. I. Fundação Getulio Vargas. II. Título. III. Série.

CDD – 361.7509469

Editora FGV
Rua Jornalista Orlando Dantas, 37
22231-010 | Rio de Janeiro, RJ | Brasil
Tels.: 0800-021-7777 | 21-3799-4427
Fax: 21-3799-4430
editora@fgv.br | pedidoseditora@fgv.br
www.fgv.br/editora

Sumário

Introdução	7
Capítulo 1	
Os mitos das origens	11
Práticas de caridade: do franciscanismo às reformas religiosas	12
A casa real e a formação das Misericórdias	17
As Misericórdias italianas	20
A explosão da pobreza	23
Capítulo 2	
A estruturação institucional das Misericórdias em Portugal e no seu Império	29
Os privilégios como fator estruturante das Misericórdias	29
Etapas da difusão das Misericórdias	34
Patrimônio e finanças	37
O empréstimo a juros	39
A gestão dos capitais	44
A administração de hospitais "gerais"	45
O resgate de cativos e a Ordem da Trindade	48
A correspondência entre as Misericórdias e os testamentos ultramarinos	51

Capítulo 3
Elites, Misericórdias e poder local: de Lisboa às especificidades locais — 55

O recrutamento — 56
Os órgãos de chefia — 69
Ordem e desordem: visão geral da conflitualidade externa e interna — 72

Capítulo 4
Ritual e produções de significado nas Misericórdias: uma abordagem textual — 81

Um ano de rituais nas Misericórdias — 83
Os rituais não cíclicos — 93
Conclusões — 99

Capítulo 5
As obras de caridade nas Misericórdias portuguesas — 105

Lógicas em mutação — 107
As obras de misericórdia espirituais — 109
As obras de misericórdia corporais — 111
Outras obras de caridade — 121
Conclusões: quem eram afinal os pobres que as Misericórdias ajudavam? — 129

Bibliografia e fontes impressas — 133

Introdução

Não podemos, hoje, entender as Misericórdias – mais conhecidas no Brasil como Santas Casas da Misericórdia – à luz da historiografia anterior à segunda metade do século XX. Sobretudo a partir da década de 1990, assistiu-se a um interesse renovado pelo estudo destas confrarias, traduzido na elaboração de dissertações acadêmicas atentas a aspectos que antes passavam despercebidos. A revolução informática possibilitou a recolha de grandes quantidades de informação, permitindo o estudo de muitas séries documentais antes quase inacessíveis. A influência de novos paradigmas teóricos, atentos ao interesse próprio dos doadores de recursos de caridade e às estratégias de poder que esta convoca, permitiu, enfim, obter uma imagem das Misericórdias muito diferente da que os historiadores da primeira metade do século XX difundiram.

As Misericórdias partilham as ambiguidades inerentes ao exercício da caridade; não constituem exceção no panorama geral do Ocidente. Não se nega a existência nem a importância do altruísmo, mas não se ignoram as estratégias de poder postas em ação pela caridade. Pelo seu lado, os historiadores, a partir de estudos monográficos realizados em muitas cidades da Europa referentes a épocas diversificadas, têm posto em evidência as lógicas da caridade. Entre estas, podemos inscrever as estratégias dos doadores enquanto membros de grupos da elite; a pacificação de conflitos sociais sem colocar em causa a ordem existente; e a seleção de receptores de recursos a partir de critérios morais disciplinadores. É dentro dessas lógicas, inerentes às práticas de caridade próprias da Europa pré-industrial, que as Misericórdias se inscrevem.

Embora não houvesse relações de subordinação entre as Misericórdias, as regras de atuação eram semelhantes, decalcadas em vivências religiosas uniformes. As formas de entender as práticas de caridade eram sugeridas por episódios bíblicos, principalmente do Novo Testamento, narrados nos púlpitos, nas procissões, nas imagens sacras e nos autos religiosos. Alicerçavam-se ainda, a um nível mais erudito, nas obras dos doutores da Igreja, nomeadamente Santo Agostinho, Santo Ambrósio, São Tomás de Aquino e São João Crisóstomo. Existia em Portugal uma cultura comum da caridade, que ia buscar na história sagrada a justificação das hierarquias sociais e transpunha para o terreno social as regras de obediência, subserviência e convivência clientelar. Tratava-se de uma cultura religiosa unificada, se a compararmos com o que se passava nas unidades políticas protestantes, em que cada igreja promovia as suas próprias práticas de caridade. Em territórios pluriconfessionais, por exemplo, era comum a fragmentação da prestação de serviços e recursos assistenciais segundo as igrejas a que os diferentes setores da população se filiavam, de que Amsterdã é caso paradigmático (Schama, 1987: 577-579; Van Leeuwen, 2000: 185-186).

Em Portugal e no período abordado neste livro, as Misericórdias foram as grandes protagonistas da caridade, regendo-se por valores uniformes e por regras semelhantes num domínio territorial vasto, embora descontínuo, correspondente aos territórios sob administração portuguesa. A indissociabilidade das Misericórdias metropolitanas e ultramarinas estava ainda ligada ao fator político: as Misericórdias faziam parte integrante da construção do Estado, que por sua vez se afirmava por via da sua expansão territorial.

Não se pretende efetuar aqui nenhum balanço historiográfico, uma vez que o leitor o poderá encontrar noutras obras, e de uma forma menos abreviada do que o tamanho do presente livro permite (Lopes, 2010; Sá, 2012). Ainda outros trabalhos dão conta do estado atual dos conhecimentos sobre estas confrarias, à luz de novos documentos publicados, como os *Portugaliae Monumenta Misericordiarum* (*PPM*, 10 vols., *2002-*). O objetivo deste livro é apenas o de esboçar o quadro de atuação e funcionamento destas confrarias, bem como alguns traços da sua evolução nos cerca de trezentos anos em análise.

Capítulo 1

Os mitos das origens

Cabe aos estudiosos da teoria literária e aos antropólogos o mérito de terem sublinhado a importância dos mitos fundacionais nas histórias que cada sociedade narra acerca de si mesma. As Misericórdias portuguesas não escapam a esta regra: acredita-se que emanaram de uma figura real feminina, D. Leonor. Rainha, esposa de rei, mãe de um príncipe herdeiro tragicamente falecido, rainha viúva, "rainha velha", mãe de Misericórdia: os paralelismos com a figura de Maria, Virgem Santíssima, Mãe de Cristo, *Mater Dolorosa*, Rainha de Misericórdia são por demais evidentes e foram explorados por alguma historiografia portuguesa, por vezes aceita pelo senso comum.

O pretexto documental para a identificação da fundação da Misericórdia de Lisboa com a figura de D. Leonor foi o fato de o ato ter ocorrido numa altura em que o então rei de Portugal, irmão da rainha viúva, partira para Castela, tendo esta assumido a regência do reino. No entanto, esta circunstância adequava-se a lugares-comuns que se prolongam até hoje: aos homens a guerra e a política (D. Manuel viajara a Castela e Aragão para ser jurado herdeiro dos Reis Católicos), às mulheres a caridade; a Deus a justiça e o castigo, a Maria o perdão. Este mito fundacional espelha uma ideologia de gênero que vigoraria na cultura erudita portuguesa até a primeira metade do século XX, sobretudo a partir dos trabalhos de Victor Ribeiro (Ferreira, 1998: 18). No entanto, D. Leonor não chega para explicar a fundação das Misericórdias e a sua difusão por todo o Império português. Quando muito, poderão confluir na sua pessoa algumas das tendências correntes na época em que viveu. Mesmo admitindo a importância da regente na criação da Misericórdia de Lisboa, enquanto mito fundacional, a sua história ignora muito do que se vinha passando em Portugal em matéria de práticas de caridade, tanto ao nível individual como institucional. Mais do que isso, concebidas isoladamente, as peripécias individuais do percurso da rainha perdem significado. Será pois sobre o contexto da época em que surgem as Misericórdias portuguesas, bem como sobre os que o precedem e explicam, que se debruçará este capítulo.

Práticas de caridade: do franciscanismo às reformas religiosas

Devemos ao historiador Lester K. Little uma compreensão do contributo do franciscanismo para a aceitação da nova economia urbana entre os homens do século XIII: com a ideologia franciscana, a acumulação individual de riquezas passou a ser legítima quando posta ao serviço do pobre através das práticas de caridade (1994: 179). Os pobres, na lógica franciscana, encarnavam a figura de Cristo, e a pobreza voluntária, que marcou tão profundamente as vivências religiosas mendicantes, correspondia à *Imitatio Christi*. Até então, a posse de bens terrenos era conotada com a usura; S. Francisco, ao enfatizar o valor da renúncia à riqueza através da dádiva aos pobres, permitiu indiretamente a sua acumulação ao encontrar um *ethos* que a legitimava. Por toda a Europa, em franco crescimento demográfico e econômico, a religiosidade transpôs as cercas dos conventos para se afirmar entre os leigos, em vivências diversificadas: *béguines*, valdenses, cátaros, cônegos regulares, premonstratenses etc. Para todos eles, a ação religiosa significava mais do que rezar pelos outros no espaço fechado de um mosteiro; o mundo passou a ser o claustro de todos estes devotos que viviam entre a população das cidades.

Por outro lado, Jacques Le Goff, ao precisar a cronologia dos lugares do além, tendo dedicado um livro ao "nascimento do Purgatório", afirmou que este não "existia" antes de 1170 (1993: 165). Le Goff escreveu a propósito do enorme poder que a nova crença no Purgatório conferiu à Igreja, da qual as ordens mendicantes foram as principais beneficiárias (1993: 26 e 292-324). Foi nesta altura que se estabeleceu uma relação entre Deus e o crente alicerçada em metáforas econômicas: quem dá aos pobres *empresta* a Deus, o *resgate* das almas etc. Georges Minois chamou a atenção para o desenvolvimento dos métodos comerciais e a contabilidade dos pecados e das boas ações, apelidando o negócio da salvação de "vasto circuito espiritual-financeiro" (1997: 206, 212). Antes deste autor, já Chiffoleau falara da "penetração da matemática, números, contabilidade e lógica cumulativa nas práticas devocionais" (1980: 434 -435).

Devoção leiga e Purgatório: de um lado, a validação da riqueza; do outro, a máquina da salvação. Negócio que tinha como principais atores os crentes e as diferentes instituições que nos habituamos a designar por Igreja. Esta lógica foi posta em causa pelas devoções protestantes: desde o primeiro dia da contestação à Igreja de Roma, quando Lutero afixou em Wittenberg as 95 teses contra a venda de indulgências, a ideia de Purgatório recebeu os seus primeiros golpes. As igrejas protestantes puseram em causa a obtenção da salvação da alma pela fé e pelas obras, mas conservaram a ideia de que a riqueza devia ser partilhada com os pobres. Por outro lado, codificaram o exercício da caridade como uma das regras da vida cristã, o que está explícito nos *Institutos da vida cristã* de Calvino, para quem os pobres constituíam os membros feridos da comunidade, concebida como um corpo (Calvin 1957, 2: 11-13). No entanto, as igrejas protestantes suprimiram a noção de que existia uma relação direta entre caridade e remissão dos pecados, uma vez que a salvação se obtinha apenas pela graça divina, ao passo que as sociedades católicas a mantiveram ao longo do Período Moderno. Nesse contexto, a caridade não fazia distinções entre mortos e vivos: rezar pelos primeiros era uma obra tão meritória como tratar dos corpos dos segundos, uma vez que os defuntos tinham vinculado patrimônio para a celebração de missas e outras obras pias. Embora na prática as disposições dos defuntos fossem muitas vezes atropeladas, as suas vontades eram incontornáveis, pelos menos em teoria: havia uma espécie de compromisso sagrado, quanto mais não fosse justificado pelos laços de solidariedade entre vivos e mortos, que fazia com que os vivos tivessem a obrigação de as respeitar, e alterar oficialmente os seus efeitos constituía um processo impossível, ou pelo menos bastante complicado e moroso. Por outro lado, cuidar dos corpos dos pobres era também uma obra propiciadora de salvação eterna, como adiante veremos. Desta forma, a distinção entre cuidados da alma e cuidados do corpo era nula em termos escatológicos.

Quando chegamos a finais do século XV, as ordens mendicantes encontravam-se já implantadas em todo o reino. Os trabalhos de José Mattoso apontam para uma cronologia muito lenta da implantação do Purgatório quando comparada com a periodização avançada por Le Goff, chamando a atenção para a perdurabilidade do imaginário popular nesta matéria. As almas, longe de se concentrarem em "lugares" fixos, erravam à procura do seu destino final. Havia um período de espera, que muitos identificavam com o processo de corrupção do corpo: daí que as celebrações dos aniversários da morte fossem especialmente importantes para os homens dos séculos XIII e XIV (Mattoso, 1995: 65). O autor aponta o período pós-tridentino como a época de generalização da ideia de Purgatório entre os crentes (idem, 238). No entanto, apesar de estarmos a falar da cultura erudita, surgem várias menções ao Purgatório no reinado de D. Manuel I, incluindo o acrescento final ao compromisso iluminado oferecido à Misericórdia de Lisboa em 1520. Neste, D. Manuel refere a devoção das almas do Purgatório que se tinha começado na Misericórdia de Lisboa, recomendando a sua prática nas Misericórdias locais e a sua inclusão no texto do compromisso (*PMM* 3: 433). Nesta matéria eram recorrentes as analogias entre o livramento dos presos e o das almas do Purgatório, ambos detidos nos cárceres respectivos.

Um percurso por alguns textos medievais que não dizem respeito nem a testamentos nem a autores religiosos, os compromissos de confrarias, permite fazer algumas constatações suplementares, muito embora estas não entrem em desacordo com os vários autores aqui citados. Os compromissos constituíam textos normativos, que orientavam a *praxis* das confrarias para a salvação da alma dos seus membros, quer através do cumprimento de obrigações litúrgicas, quer através do exercício da caridade. A caridade não significava apenas um modo de relacionamento social, entre quem tinha para dar e quem precisava receber; mais do que isso, inscrevia-se numa gramática de salvação, em que a ideia do Juízo Final preocupava mais os homens do que o bem-estar físico ou material dos seus próximos. Mais importante ainda, a caridade constituía apenas um entre os vários modos de obter a salvação, partilhando essa faculdade com as orações e a penitência.

Num texto de 1330, o compromisso da confraria de Santa Maria da Anunciada de Setúbal, objeto de uma edição paleográfica rigorosa (Avellar, 1996), não se alude a nenhum espaço intermédio entre a "vida perdurável" e os infernos. Considerava-se que existiam duas mortes, a primeira a morte física e a segunda a morte dos infernos. Se se escapasse a esta última, alcançava-se não o paraíso, nem a salvação (palavras que nunca aparecem no texto), mas sim a "vida perdurável". Entre os compromissos consultados, trata-se daquele que evidencia uma maior erudição teológica, com profusas citações em latim (traduzidas em seguida) do Antigo e Novo Testamento e algumas referências a Santo Agostinho. A tradução de excertos em latim, bem como o caráter mais doutrinal do que regulamentar (os aspectos logísticos da vida da confraria diluem-se nas considerações de ordem teológica) fazem crer que se tratava de um texto com funções didáticas. Em contrapartida, este compromisso refere as obras de misericórdia corporais, e acrescenta a sétima – enterrar os mortos – ao famosíssimo trecho do Evangelho de S. Mateus sobre o

Juízo Final, onde se encontram formuladas as primeiras seis obras de misericórdia. A formulação das obras espirituais não existe no texto confraternal, mas em contrapartida aparece descrita a "cruz espiritual" formada por quatro braços: humildade, justiça, paciência e caridade. Muito curiosamente também, o texto refere uma missa confraternal semanal ao sábado e não ao domingo, em honra de Maria, Mãe de Cristo, a única que não o renegou entre a sua crucifixão e ressurreição (*in* Avellar, 1996: 64-94).

As grandes mudanças no culto dos mortos parecem verificar-se no final da Idade Média: em Portugal, a par da multiplicação das missas por alma, nos finais do século XV começa a generalizar-se, ainda que muito devagar e apenas entre as elites, a ideia de Purgatório como terceiro lugar. Nessa altura os conventos dominicanos e franciscanos encontram-se instalados em território nacional. Entre estes últimos, é já patente alguma diversificação: alguns professam a variante observante, de orgânica supostamente mais consentânea com a regra original do santo – contrapostos à variante claustral, por muitos acusada de fazer cedências a interesses de ordem "mundanal" (de possuírem avultados bens).

A casa real e a formação das Misericórdias

As tentativas de ordenar, disciplinar e regulamentar a gestão de instituições de caridade em Portugal foram anteriores à criação das Misericórdias portuguesas. O primeiro objetivo era o de evitar que os bens dos hospitais continuassem a ser apropriados pelas pessoas que a eles tinham acesso. As irregularidades eram de vária ordem: incúria dos provedores, não cumprimento dos compromissos, desvio de rendimentos, má gestão, desaparecimento dos documentos da instituição, venda de bens, abuso de pousadias, ausência de manutenção das instalações, transformação dos hospitais em estrebarias, cadeias ou armazéns etc. (Braga, 1991). Frise-se que este esforço de reestruturação não era presidido pelo rei, mas pelos senhores nos territórios que dominavam, embora muitos deles pertencessem à família real. Ou seja, era um movimento a que se pode chamar "senhorial", embora de grande proximidade em relação à Coroa e em sintonia com esta. É significativo que D. Manuel, duque de Beja, apareça a mandar tombar os bens de um seu hospital em 1490, anos antes de subir ao trono; já rei, D. Manuel ordenou aos seus juízes dos resíduos que verificassem a documentação e tombassem os bens dos hospitais locais, conhecendo-se inclusivamente o nome dos oficiais régios encarregados da tarefa.

A iniciativa senhorial em matéria de tombamento de bens continuou ao longo do reinado de D. Manuel: sua mãe, a infanta D. Beatriz, ordenou a feitura do compromisso e tombo da gafaria de S. Lázaro de Cacilhas, situada no termo da sua vila de Almada, obedecendo a ordens do rei seu filho (Raposo e Aparício, 1989: 63). Parece tratar-se de uma ação concertada ao nível familiar, o que não obsta a que a tutela sobre instituições de caridade se mantenha difusa, e não se possa "centralizar" na pessoa dos monarcas. Poder-se-á, quando muito, em face da presença da formulação das intenções do rei em todos esses tombos "familiares", atribuir-se-lhe intenções homogêneas em matéria da administração de bens de alma. Nesses tombos, era às almas dos defuntos que se pretendia restituir o usufruto dos bens que lhes pertenciam por direito, conforme se pode ler nos preâmbulos respectivos. Estes comportamentos, de cariz "familiar", explicam que até hoje se confira à rainha D. Leonor um protagonismo na fundação das Misericórdias portuguesas, que, em boa verdade, ela partilha com o irmão. Para tanto, basta citar-se a abundante produção legislativa que este assina relativamente às Misericórdias (*PMM* 3: 216-351). Boa parte desta última refere-se apenas à cidade de Lisboa ou estende privilégios da sua Misericórdia a outras homônimas no reino; outra parte contempla Misericórdias específicas com legislação própria (caso de Évora e Lagos); outra, ainda, destina-se às "misericórdias de meus reinos e senhorios". Claras, portanto, as intenções do monarca, e nítido o fato de D. Manuel, enquanto rei, dispor de uma capacidade legislativa a que a sua irmã teve acesso apenas durante a sua regência, compreendida entre 29 de março e 10 de outubro de 1498. A partir de D. João III, no entanto, a iniciativa senhorial na matéria torna-se mais esporádica, até desaparecer quase por completo, com a exceção provável da Casa de Bragança.

Ainda sobre o contexto de formação da primeira Misericórdia, vários indícios apontam para uma relação entre a expulsão dos hereges e a reorganização da caridade operada por D. Manuel I. Nos mesmos anos em que as minorias religiosas eram suprimidas, várias leis referem que os que tivessem abandonado o reino sem licença perderiam as suas fazendas para obras de piedade ou do Hospital de Todos-os-Santos (Salgado e Salgado, 1996). Uma vez mais, nada do que se passa em Portugal é inédito na Europa: também nas cidades italianas os Montepios, instituições de crédito destinadas à concessão de empréstimos a juro baixo para evitar o empobrecimento da população assalariada, se fizeram com base em depósitos forçados da comunidade hebraica (Menning, 1992). Também a nova confraria de Lisboa se destinava a todos aqueles que tivessem recebido a água do batismo, tendo a sua criação ocorrido no ano a seguir ao terrível 1497, que assistiu à concentração de milhares de judeus no terreiro dos Estaus, onde permaneceram em condições deploráveis, à tomada dos seus filhos para serem educados entre cristãos, e ao batismo forçado dos que não conseguiram embarcar (Soyer, 2007).

As Misericórdias italianas

As Misericórdias portuguesas não seguem a estrutura das suas congêneres italianas, que conservaram a função inicial de confrarias de voluntários destinadas a socorrer pessoas feridas ou mortas em espaços públicos. Os compromissos da Misericórdia de Florença de 1490 e 1501, aprovados em anos próximos da formação da Misericórdia de Lisboa, têm poucos pontos de contato com os primeiros regulamentos desta última. Quase tudo era diferente na Misericórdia florentina: nenhuma referência a Nossa Senhora da Misericórdia, e uma proposta de *praxis* de obras de misericórdia que enfatizava apenas a visita a doentes e o acompanhamento de funerais, quer de membros quer de pobres. Nenhuma menção a dar de comer e vestir aos pobres, albergar peregrinos, ou visitar presos.

No compromisso de 1501 emerge com maior nitidez o caráter de pronto-socorro da Misericórdia florentina, cuja principal vocação era a de assistir doentes e acidentados na via pública, transportando-os para os hospitais ou recolhendo e sepultando os seus cadáveres.

Existiam em Florença confrarias para agregar jovens rapazes em idade de aprender as virtudes cívicas, para visitar pobres envergonhados a domicílio, para ensaiar os coros das igrejas etc. (Henderson, 1994). Embora com diferenças relativas ao número e tipologia das diferentes confrarias, esta diversidade é comum a toda a Europa Ocidental. Todas elas praticavam as obras de misericórdia em maior ou menor grau, mas nunca todas em simultâneo, e poucas delas as alargavam aos membros exteriores da comunidade (Weissman, 1988: 28 e 32). Pode ter acontecido, portanto, que a Misericórdia de Florença tenha obtido a sua função principal, se não exclusiva na cidade, de remoção de feridos ou cadáveres nas ruas, em função da partilha de território devocional e assistencial pelas confrarias locais.

No que respeita à confraria de *San Giovanni Decollato detta della Misericordia* de Roma, a única obra de caridade efetuada, e o móvel de toda a sua atuação, consistia em preparar espiritualmente os condenados à morte, acompanhando também os seus últimos momentos (*in* Sousa, 1999: 294-309). Trata-se de uma confraria que agregava os florentinos residentes na cidade, à imagem de outras "confrarias de nação" aí existentes, entre as quais a de Santo Antônio dos Portugueses.

As Misericórdias espanholas tiveram funções diferentes das italianas, sendo vocacionadas para o enclausuramento de pobres, sobretudo jovens em idade de trabalhar. Por outro lado, a designação de Misericórdia obedecia mais a uma invocação do que a um tipo específico de confraria. Não faziam parte de um sistema homogêneo como o das Misericórdias portuguesas, que, embora não subordinadas à de Lisboa, mantinham uma filiação comum e regras semelhantes. Em conclusão, as diferentes confrarias com designação de Misericórdias existentes na Europa do Sul tinham pouco de comum entre elas, a não ser a pertença à mesma área cultural. Mais importante ainda, não se assemelhavam às confrarias portuguesas do mesmo nome, com as quais partilhavam a invocação e pouco mais.

Na época em que surgiu a primeira Misericórdia portuguesa, D. Leonor mantinha contatos com as cidades de Florença e Roma, e seu marido, D. João II, havia assumido a inspiração florentina do Hospital de Todos-os-Santos no seu testamento. Não obstante, essa influência está longe de significar imitação literal.

O compromisso inicial da Misericórdia de Lisboa publicado em vida da "rainha velha" (como a chamava Gil Vicente) não seguia o de Florença, e a confraria era muito diferente desta última nas suas atribuições. Cultivava-se um caráter penitencial, que incluía uma componente autoflagelatória, expressa sobretudo em rituais processionais, mas frisava-se que a Misericórdia praticaria todas as obras de misericórdia sem exceção, tanto espirituais como corporais. O entendimento que se fazia das obras de misericórdia na época era agregativo e não singular: um ato de caridade era tanto mais válido quanto mais obras de misericórdia incluísse. Cuidar de um ferido caído na rua podia significar tratá-lo na doença, dar-lhe de beber e comer (alimentar era uma forma de tratamento médico das mais importantes) e até vesti-lo. Caso não houvesse nada a fazer, o seu corpo era recolhido e levado à sepultura. Da mesma forma, os encarcerados pobres eram objetos preferenciais de caridade, porquanto precisavam ser socorridos em todas as suas necessidades. Aos olhos dos contemporâneos, a figura do preso mantinha analogias fortes com as almas do Purgatório, também elas cativas e a necessitar de quem as livrasse (como veremos, o termo livramento aplicava-se também ao desenlace do processo judicial). O compromisso da Misericórdia de Lisboa enumerava uma a uma as obras de misericórdia e a forma de pô-las em prática, o que não acontecia em nenhum dos compromissos italianos acima citados.

A explosão da pobreza

Do século XV para o século XVI aumentou o número de pobres na Europa ocidental, em consequência do aumento demográfico então verificado, mas também devido a alterações econômicas profundas. Expansão europeia, desenvolvimento do comércio marítimo de longo curso, crescimento das cidades: mudanças que tinham como efeito a circulação de pessoas entre zonas geográficas cada vez mais vastas, e que pressupunham o abandono de atividades econômicas tradicionais, como a agricultura ou o artesanato. Em tempos de mudanças bruscas, mudar de zona ou de atividade, voluntária ou involuntariamente, representava um risco evidente: o de resvalar para situações de pobreza, potenciadas pelo desenraizamento dos indivíduos que acorriam às cidades para nelas se estabelecer ou para emigrar. Sobretudo nas cidades portuárias, de grande população flutuante, a massa de pobres foi crescendo, obrigando a novas respostas das autoridades. Trata-se portanto de uma época que vê estruturar e aumentar o número de hospitais urbanos, os ditos "grandes hospitais", quase sempre destinados a pobres e a pessoas recém-chegadas à cidade. A massa de pedintes que assediava o transeunte cresce; as autoridades urbanas preocupam-se com o potencial de desestabilização que ela representa (Geremek, 1995). Foi este aumento do número de pobres que esteve na base da mudança de atitudes para com a pobreza e potenciou movimentos de reorganização.

Não é este o momento para passar em revista as principais linhas de força das representações das elites portuguesas em torno da pobreza. Estão já individualizados os autores portugueses que escreveram sobre o assunto, e identificadas as suas ideias (Lopes, 2000: 27-163; Xavier, 1999: 59-85). Confirma-se a ausência de clivagens profundas nos textos portugueses sobre o assunto, embora, é óbvio, uns autores revelem mais simpatia pelos pobres do que outros. No cerne destas questões, estavam problemas fulcrais como a legitimidade da esmola, e a distinção entre os pobres que as mereciam ou não. Num segundo plano, debatia-se quem devia assumir responsabilidades em matéria de caridade institucional, se as autoridades eclesiásticas ou leigas. Esse problema, como veremos, colocava-se de maneira premente no que respeita aos autores espanhóis.

Enquanto em Portugal se constituíam Misericórdias em um ritmo acelerado, e as práticas de caridade seguiam um modelo tardo-medieval sem grandes alterações, embora sistematizado e organizado mercê da tutela régia, em algumas regiões da Europa punham-se em causa algumas das práticas que esse modelo implicava. Esse questionamento não partia apenas de figuras protestantes: o mais influente autor da época, Juan-Luis Vivès (1492-1540), era valenciano de nascimento e católico, embora radicado em Bruges. Entre os protestantes, Lutero, Zwinglio e Calvino divulgaram novas ideias sobre a caridade, mas sobretudo estimularam novas práticas de apoio aos pobres nas áreas denominadas "zonas de experimentação" das novas doutrinas, correspondentes às cidades de Wittenberg, Zurique e Genebra. Em todos os países protestantes, no entanto, as confrarias foram abolidas, o que bastava para conferir às suas práticas de caridade um enquadramento institucional diferente do das unidades políticas católicas.

O ponto-chave da nova organização das práticas de caridade foi sempre a seleção dos pobres a ajudar, distinguindo entre verdadeiros e falsos necessitados. Este procedimento pressupunha a implantação de dispositivos de reconhecimento e avaliação da situação dos indivíduos, o que na prática se traduzia no aumento da importância das instituições no que toca ao socorro dos pobres, em detrimento da esmola indiscriminada e da iniciativa particular. Os recursos de caridade eram agora objeto de gestão por entidades mediadoras, que passavam a deter também autoridade para selecionar os pobres a contemplar. Por toda a Europa, malgrado as diferenças confessionais, se observa a crescente importância da ingerência das instituições na ajuda aos pobres. Entre os luteranos, instalou-se o hábito de concentrar os donativos dos fiéis numa caixa colocada no interior da igreja, sendo depois distribuídos aos pobres. Passava a ser proibido mendigar (não esquecer que um dos ódios do luteranismo tinha por objeto os frades mendicantes, conotados com a dependência da esmola), e reforçava-se a obrigação de cada um ganhar o seu sustento através do trabalho; o auxílio aos pobres passava a inscrever-se numa lógica de retribuição da graça divina, tornando-se a ajuda ao próximo uma forma de culto (Lindberg, 1996: 111-127).

Afirma-se a noção de que não basta conceder esmolas para alcançar a salvação; é necessário que quem as recebe as necessite e as mereça. Por outras palavras, existiam "verdadeiros" e "falsos" pobres, isto é, aqueles que tinham condições físicas para trabalhar e não o faziam. No entanto, esta lógica de separação esteve presente muito para lá dos territórios em que se implantaram as igrejas protestantes. Mesmo nas unidades políticas católicas, muito embora não se tenha posto em causa nem a legitimidade da esmola, nem a obtenção da salvação pela fé e pelas obras, a necessidade de gerir de forma racional os recursos da caridade fez surgir práticas de caridade cada vez mais mediatizadas. Comprovam-no os trabalhos de Brian Pullan, que já em 1971 chamava a atenção para a seletividade das *Scuole Grandi* venezianas, e para a ausência de distinções entre católicos e protestantes quando se tratava de reprimir falsos pobres (Pullan, 1971: 638). Mesmo em Portugal, onde os teólogos penderam mais para os amores do que para os desamores pelos pobres (Xavier, 1999), as Misericórdias tiveram por vezes a seu cargo uma triagem entre a turba de mendigos.

Stuart Woolf chamou a atenção para o fato de a necessidade de alterar as práticas de caridade ser sentida ao nível do senso comum, que por isso aderiu entusiasticamente a obras cuja leitura materializava aspirações há muito sentidas por alguns setores da população (1997: 10). Essa razão pode explicar o sucesso da referida obra de Vivès, mas deixa na sombra obras cujo impacto foi menor. É difícil avaliar hoje se de fato foram lidas e seguidas, até porque, como se sabe, na Época Moderna existia a tendência de os autores se seguirem uns aos outros sem acusar a paternidade intelectual. Esse problema põe-se no que toca a Portugal, onde desconhecemos o impacto das obras, sobretudo aquelas que seria lógico esperar encontrar, as não conotadas com as ideias protestantes. Mas, ao contrário de Espanha, estamos longe de encontrar um debate sobre a legitimidade da esmola, a sua eficácia, a melhor maneira de ajudar os pobres, ou sobre quem devia ter competências em matéria de caridade institucional. Apenas um dos autores espanhóis parece ter tido uma vaga influência na "reforma" da assistência: Miguel de Giginta, teólogo, cônego da catedral de Elna, adepto de "disciplinar" os falsos pobres. O seu *Tratado de remedio de los pobres*, publicado em Coimbra no ano de 1579, preconizava casas de Misericórdia muito diferentes das portuguesas: edifícios de reclusão onde os antigos mendigos deviam cumprir obrigações religiosas e trabalhar no fabrico de têxteis (Giginta, 2000). Trata-se portanto de um projeto de *renfermement* que não se baseia nas Misericórdias portuguesas; conhece-se no entanto uma instituição construída com base no seu pensamento, o Hospício da Piedade de Évora. Giginta chegou a passar algum tempo na cidade, a convite do seu bispo, D. Teotônio de Bragança. A instituição, para rapazes pobres, terá sido fundada em 1587, mas no início do século seguinte era já um recolhimento feminino (Abreu, 2004a: 159-161, e 2003-04: 528; Mestre e Loja, 2004: 292-293). Dessa forma, estamos longe de poder afirmar que a sua influência foi marcante em Portugal.

Parece provável que em Portugal não tenha havido discursos opostos sobre práticas de caridade porque o problema teve uma resolução precoce. Em face de um sistema operativo, que registava uma adesão unânime por parte das elites que poderiam ter participado num eventual debate, havia pouco para questionar e discutir. As Misericórdias foram-se implantando com um sucesso que porventura extravasou as intenções iniciais dos seus promotores, criando um espaço de consenso que cerceou a existência de controvérsias. Muito pelo contrário, as Misericórdias suscitaram a curiosidade e por vezes o elogio dos visitantes estrangeiros, nem sempre dispostos a lançar olhares benévolos sobre as realidades portuguesas (Sá, 1997a: 210-221).

Capítulo 2

A estruturação institucional das Misericórdias em Portugal e no seu Império

Os privilégios como fator estruturante das Misericórdias

Os privilégios concedidos às Misericórdias funcionaram como um estímulo à sua criação e desenvolvimento, a par das motivações espirituais ou devocionais. Estavam ligados a isenções de encargos concelhios (financeiros, militares e de aposentadoria), à criação de vantagens para o exercício da caridade (apoio aos presos e condenados à morte, permissão de entrada nos hospitais etc.) e à obtenção de recursos econômicos (autorização para efetuar peditórios em regime de quase exclusividade, arrecadação de multas de justiça etc.).

As Misericórdias acabaram por desempenhar um papel crucial na maior parte das localidades, embora nada impedisse outras instituições e pessoas privadas de exercer a caridade (que era obrigação moral de todos). É preciso não esquecer que as Misericórdias não estavam sozinhas no que toca ao seu exercício: outras instituições exercem papel importante, mobilizando capitais e outros recursos em prol da assistência aos pobres. Entre elas, e talvez as mais importantes, pelo menos nas cidades, figuravam os bispados, embora com intensidade variável consoante as dioceses e os prelados do momento (Paiva, 2004: 195-196).

Enquanto associações de crentes, as Misericórdias homologavam, sobretudo a partir dos Filipes, a supremacia das elites locais. Supremacia a vários níveis: ao nível simbólico, porquanto detinham a faculdade de "representar" a comunidade em rituais coletivos específicos. Essa capacidade provinha antes de mais de serem sinônimo da benevolência paternal das gentes do mando: por toda a parte as Misericórdias constituíram uma boa fatia da oferta local ao nível assistencial. Dessa forma, a atuação da nobreza local e dos grupos intermédios da população era contígua à sua supremacia política: não espanta que os mesmos mandantes nas Misericórdias imperassem nas restantes instituições de poder local e exercessem um poder difuso e ubíquo. Muitas Misericórdias conheceram, sobretudo a partir do fim de Trento, uma espantosa acumulação de capital, que transformou muitas delas em confrarias de avultados bens e rendimentos.

Conforme o que se começou por dizer no início deste livro, os começos não chegam para explicar a evolução das instituições. As Misericórdias deveram muito nos seus inícios a formas de espiritualidade tardo-medieval, e aos bons auspícios das numerosas cartas e alvarás de D. Manuel. À data da morte do rei em 1521, a estruturação das Misericórdias estava em boa parte completa; a partir de então, as novas regalias foram esparsas, procedendo-se a reajustes, alguns deles importantes, como veremos em seguida. Durante o reinado de D. Manuel, a tendência foi no sentido de se estenderem os privilégios da Misericórdia de Lisboa às Misericórdias locais um por um e nunca em bloco, concedendo-lhes por vezes privilégios específicos. A tendência a conceder os privilégios de Lisboa por atacado manifestou-se, como adiante veremos, durante os reinados dos monarcas castelhanos.

A possibilidade de as Misericórdias possuírem bens de raiz é um pouco controversa, pelo menos na lei. Damião de Góis, na sua *Descrição da Cidade de Lisboa*, de 1554, refere que os dinheiros da Misericórdia se juntavam apenas por esmolas, não podendo esta "amealhar de um ano para outro qualquer quantia; não tem, nem pode ter, segundo a regra e normas da associação, proventos especiais" (2000: 52-53). As Ordenações Manuelinas, e depois as Filipinas, proibiam que as Misericórdias conservassem bens de raiz, exceto se autorizadas pelo rei (Ribeiro, 2009: 276-277). Por outro lado, a partir do momento em que as Misericórdias aceitavam bens de capela, por natureza vinculados, estava aberta a via para a posse de bens de raiz. É preciso não esquecer que as Misericórdias (caso de Lisboa à parte, como é evidente) tenderam desde o reinado de D. Manuel a incorporar hospitais locais já existentes. Ora, estes possuíam patrimônios imóveis que passaram a ser geridos pelas confrarias. De maior efeito parece ter sido a crescente popularização da ideia do Purgatório, cuja existência o Concílio de Trento fixou definitivamente na sua sessão 25ª. Foi a partir do fim dos trabalhos conciliares em 1563 e da progressiva divulgação das suas conclusões em matéria doutrinal que a acumulação de bens patrimoniais das Misericórdias disparou (Abreu, 1999: 88-89).

Outra lei, promulgada já em pleno período filipino, pelo Cardeal Arquiduque Alberto de Áustria, teve, em contrapartida, um impacto muito claro. Datada de 1593, transformou as Misericórdias em detentoras do monopólio legal sobre os enterros, uma vez que proibia as restantes confrarias de os organizar com a mesma pompa das Misericórdias, o que equivalia a concentrar nestas últimas o protagonismo das cerimônias fúnebres (*PMM* 5: 57-58). De resto, a prática mostrou que as Misericórdias acabaram por se arrogar o direito de serem as únicas a possuir mobiliário fúnebre próprio, procurando retirar essa possibilidade às outras confrarias e ordens terceiras, a quem alugavam os esquifes e tumbas.

O Concílio de Trento, ao institucionalizar o estatuto de confrarias laicas sob proteção régia para as Misericórdias, possibilitou-lhes a breve trecho a administração de boa parte dos hospitais, o que não deixou de ter influência marcante no futuro destas confrarias (Sá, 1997).

No entanto, a boa fortuna das Misericórdias consolidou-se em grande parte a partir dos Filipes, com os quais as elites locais negociaram um bom número de contrapartidas à sua sujeição política. Data dos reinados filipinos grande parte das confirmações régias dos compromissos próprios das Misericórdias, que constituirão um símbolo de identidade local destas confrarias. Não menos importante, as Misericórdias testemunham a formação de uma elite de interlocutores constituída em oligarquia local.

Nem todas as Misericórdias consideraram imprescindível a obtenção de compromissos próprios, tendo-se regido pelos compromissos de Lisboa. Note-se que estes compromissos locais seguiam de perto o de Lisboa, adaptando quase *ipsis verbis* os seus capítulos, alterando apenas alguns pormenores relativos à escolha de chefias, ao número de definidores, a alguns procedimentos rituais, e a serviços e instituições de assistência. Nenhuma Misericórdia rivalizou com a de Lisboa em matéria de complexidade de cargos assistenciais, uma vez que nenhuma deteve serviços e instituições de assistência da mesma envergadura e escala, pelo que seria sempre necessário adaptar o compromisso às especificidades de cada lugar. Os compromissos locais não operaram modificações de fundo na estrutura e nos conteúdos fundamentais do texto confraternal que lhes servia de base. O seu valor prendia-se mais com o prestígio que traziam às comunidades do que com a sua operacionalidade. Era sempre possível fazer exceções ao compromisso, ou alterá-lo formalmente nos cabidos da Mesa; nessa altura, a decisão, registada no Livro de Acórdãos, passava a constituir regra interna.

Também no período filipino, por vezes em simultâneo com a aprovação de compromissos locais, se formalizou um *numerus clausus* para cada Misericórdia, para além da exclusão de indivíduos que anteriormente integravam estas confrarias. É nítida a ostracização dos cristãos-novos, que, se não foram imediatamente expulsos, passaram a ser impedidos de exercer cargos diretivos ou de fazer integrar os seus descendentes nas Misericórdias. Apesar de a proibição de entrada de cristãos--novos ser já contemplada no compromisso de 1577, durante a primeira metade do século XVII a Coroa teve necessidade de explicar às Misericórdias de Coimbra e Porto que não deviam expulsar os cristãos-novos que eram irmãos e exerciam cargos, mas ficavam proibidas de os admitir daí em diante.[1]

Também data dos Filipes a tentativa de incorporar algo de castelhano nas lendas das origens das Misericórdias: a figura do trinitário Miguel de Contreiras, que um alvará régio de 1627 obrigou a representar nas bandeiras confraternais. A existência de Contreiras e a sua influência na fundação da

---

[1] Cartas régias de 7.10.1614 e 30.5.1616.

Misericórdia continuam por demonstrar. Tudo aponta para que o historiador portuense Artur de Magalhães Basto tivesse razão quanto operou uma desconstrução da documentação que se refere ao trinitário. Trabalhos recentes incidiram novamente sobre o assunto, juntando mais provas documentais às apresentadas por Basto e comprovando a ausência de documentação coeva original que ateste a existência desta personagem, com exceção de uma cópia de um documento que inclui a sua assinatura. É uma prova documental, embora perca força por não se tratar de um original (Basto, 1934: 47-97; Sá, 1997: 49-51; Sousa, 1999: 122-127; Paiva e Xavier, *PMM* 4: 29-30 e 576; Abreu e Paiva, *PMM* 5: 9).

Etapas da difusão das Misericórdias

O esforço de datação da criação das Misericórdias em Portugal e no seu Império foi levado a cabo nos *Portugaliae Monumenta Misericordiarum*, guia fiável para perceber os ritmos de fundação destas confrarias, uma vez que se baseia numa pesquisa criteriosa (Paiva, 2009: 398). Cabe observar que, mesmo nas Misericórdias para as quais se apontam datas precisas, estas são socialmente construídas: ora se conta a data do alvará régio, não se sabendo quanto tempo decorreu entre a sua criação e a aprovação régia, ora se mencionam testamentos que contemplam as Misericórdias, partindo do princípio de que, se alguém faz uma doação a uma Misericórdia, é porque ela existe, ou está prestes a ser criada. Para muitas Misericórdias, portanto, existe não uma data de fundação, mas uma primeira data que comprova a sua existência.

Temos alguns exemplos de apropriação da designação e prerrogativas das Misericórdias por parte de confrarias preexistentes, sobretudo irmandades de mareantes ou pescadores dos centros litorais. É o caso de Viana, onde no século XVI duas confrarias importantes da vila lutaram entre si pela aquisição do título de Misericórdia (Serra, 1995: 73-94). No século XVII, foi a vez da Irmandade do Calvário de Peniche se transformar em Misericórdia, transferindo os seus 200 irmãos para a nova confraria (Ferreira, 1997: 73). Em 1756, seria a vez de uma confraria da Póvoa de Varzim, centrada nas cerimônias litúrgicas da Semana Santa, nomeadamente na Procissão dos Passos, se transformar em Misericórdia (Dionísio, 2005).

As terras onde as Misericórdias se fundam em primeiro lugar são aquelas com maior ligação com a casa real ou onde a presença do rei se fazia sentir com maior frequência (Lisboa, Beja, Santarém, Évora, Montemor-o-Novo etc.). Num segundo momento, criam-se estas confrarias em outras vilas e cidades, muitas vezes através de um processo a que não eram alheias pressões régias. No entanto, na maior parte dos casos as populações e elites locais aproveitaram um recurso colocado à sua disposição e cujas vantagens eram óbvias para todos. Daí que, ultrapassada a fase de lançamento das Misericórdias (que podemos fazer coincidir com o reinado de D. Manuel), a iniciativa da sua fundação coubesse às localidades. Nalgumas, foram as Câmaras a promover a sua criação, enquanto noutras, como Braga, um senhorio eclésiastico, o bispo D. Diogo de Sousa (1460 - 1532), tomou parte ativa na fundação da nova confraria. A criação de Misericórdias em território metropolitano esteve dependente nalguns casos da elevação a concelho de determinada povoação. Em finais do Antigo Regime, no entanto, a distribuição de Misericórdias coincidia *grosso modo* com o mapa da divisão concelhia.

No que respeita ao Império português, as Misericórdias de Marrocos existiram desde a primeira década das Misericórdias, sendo agraciadas com "esmolas" por D. Manuel. O mesmo se pode dizer relativamente às Misericórdias dos arquipélagos atlânticos, que adaptaram rapidamente as suas instituições de caridade quatrocentistas à presença das Misericórdias. Em seguida, a partir da segunda década do século XVI, data da sua provável implantação em Goa, foi a vez de alastrarem pelas praças e feitorias da península Industânica. As Misericórdias do Brasil esperaram que se iniciasse a colonização efetiva do território, e por todo o Período Moderno formaram-se novas Misericórdias, embora com ritmos peculiares, nem sempre coincidentes com a valorização econômica das suas diferentes regiões, conforme demonstrou Renato Franco, que observou que as Misericórdias à imagem e semelhança das da metrópole, como as do Rio de Janeiro e Salvador da Bahia, foram de certo modo atípicas, nem sempre se criando Misericórdias nos territórios de colonização mais recente (2011: 107-108). Em contrapartida, o século XVII assistiu à retração do Estado da Índia, dando-se a extinção de numerosas Misericórdias, enquanto a costa ocidental africana assistiu à criação das de Luanda e Massangano. Também específica foi a criação de Misericórdias no Japão, circunscrita ao seu "século cristão" e com particularismos regionais decorrentes da presença de missionários jesuítas e de noções budistas de misericórdia existentes entre os japoneses. É no entanto significativo que algumas Misericórdias tivessem prescindido da supremacia portuguesa: a de Ceuta sobreviveu à passagem da administração do território para a Espanha, tal como a de Olivença, praça perdida em 1801. Mais curiosa ainda é a Misericórdia de Manila, nas Filipinas, onde nunca existiu administração portuguesa, mas formou-se uma comunidade de mercadores com ligações fortes com Macau, que criaram uma instituição semelhante à desta última (Mesquida, 2003).

Patrimônio e finanças

É errado supor que todas as Misericórdias usufruíram de avultados patrimônios ao longo de toda a sua história e que foram sempre instituições financeiramente autônomas. Muitas delas começaram com doações do rei (caso das Misericórdias norte-africanas) e outras nunca prescindiram dos rendimentos concedidos por benesse régia. No Estado da Índia, por exemplo, as Misericórdias se beneficiaram da lei que reservava um por cento das rendas arrematadas ou cobradas pela Fazenda Real.[2] Os orçamentos respectivos revelam que tanto as Misericórdias como os hospitais receberam parte dos seus proventos diretamente das finanças régias (Matos, 1982: 11-12).

Antes do fluxo de doações testamentárias propiciado pela difusão da ideia de Purgatório, muitas Misericórdias tiveram inícios marcados pela precariedade, e nem todas enriqueceram. Nos inícios as fontes de rendimento centravam-se no dinheiro reunido em arcas de várias igrejas, nas esmolas retiradas em peditórios das freguesias, nas contribuições em numerário, e até nos pagamentos de enterros à confraria. O rei D. Manuel distribuía anualmente açúcar da Madeira por pessoas da família real e numerosas instituições, entre elas conventos, casas de beatas, hospitais e Misericórdias, em quantidades

---

[2] Regimento da Fazenda de 17.10.1516.

que variavam consoante a importância atribuída a cada receptor. Tratava-se de uma substância preciosa na época, não só pelo seu valor comercial, mas também pelo seu uso como fortificante no tratamento de doentes e na confecção de medicamentos. Da mesma forma e pelas mesmas razões, D. Manuel doou especiarias a numerosas instituições, em que se incluíam Misericórdias e hospitais (*PMM* 3: docs. 31 e 32).

No entanto, sobretudo a partir de finais do século XVI, as Misericórdias tenderam a diversificar as suas fontes de rendimento e algumas delas constituíram sólidos patrimônios fundiários, rurais ou urbanos. Possuíam terras que lhes proporcionavam rendimentos em dinheiro ou gêneros, ou até marinhas de sal; vendiam remédios avulsos das boticas dos hospitais que geriam; cobravam passagens de barcos de travessia etc. Ou recebiam até doações diretas, como parte do pescado, lucros de viagens transoceânicas etc. É notório que o tipo de patrimônio, e por conseguinte de rendimento, variava de Misericórdia para Misericórdia: algumas centravam-se em patrimônio de raiz, quer urbano ou rural, enquanto outras, geralmente as ligadas ao trato marítimo, apostavam na liquidez. Consideradas globalmente, e sem atender a estes particularismos, as fontes de rendimento das Misericórdias apresentam um espectro variado: vão desde a recolha sistemática de esmolas com pedidores autorizados, até a exploração de barcas de passagem, passando pelo depósito e empréstimo de dinheiro a juros ou dinheiros de rendas e foros dos bens imóveis.

A recolha de esmolas parece ter sido uma das primeiras atividades a ser organizada: existem notícias de equipas de pedidores certificados desde os inícios das Misericórdias. Estes homens tinham a obrigação de se deslocar semanalmente pelas freguesias do termo do concelho pedindo por portas e eiras. No fim do Verão, pelo S. Miguel, podiam efetuar também uma campanha de recolha de esmolas, aproveitando a fartura ocasionada pelas colheitas. Os mamposteiros gozavam de uma extensa lista de privilégios, semelhantes aos dos que pediam para cativos: estavam isentos de encargos impostos pelo concelho, de conceder aposentadorias, do pagamento de fintas, talhas e empréstimos pedidos pelo rei etc. Contra alguns destes homens recaiu a queixa de negligência, sendo acusados de pouco ou nenhum esforço na recolha de esmolas, procurando apenas beneficiar das regalias associadas ao seu estatuto de mamposteiro, que devia ser compensador, uma vez que existiam muitos destes "privilegiados" por confraria, mesmo em irmandades com poucos irmãos. As esmolas eram sempre bem vindas, uma vez que representavam dinheiro líquido e sem encargos, embora constituíssem uma fatia mínima do total dos rendimentos.

O empréstimo a juros

Os compromissos das Misericórdias ordenavam a venda em leilão das propriedades recebidas em herança logo que entrassem na sua posse.[3] No entanto, nem todas as Misericórdias optaram por vender em hasta pública os bens de raiz sem vínculo. Nos imóveis que possuíam, a regra era a exploração direta ou a cedência a terceiros através de contratos de arrendamento. A tendência para converter em dinheiro bens passíveis de ser vendidos justificava-se em face de outra ati-

---

[3] Compromisso de 1516, cap. 17; Compromisso de 1577, cap. 26; Compromisso de 1618, cap. 28, § 6.

vidade que conferia às Misericórdias avultados rendimentos: a concessão de empréstimos a juros.

Pela lei canônica, a concessão de empréstimos continuava a ser considerada usura e proibida à luz de todas as leis possíveis: "natural, divina, humana, canônica e civil".[4] As constituições sinodais reservavam amplos capítulos a descrever as mais variadas situações em que o empréstimo podia ocorrer. Embora com menos veemência, também as Ordenações do Reino proibiam a usura; esta constituía um delito de foro misto, e portanto passível de ser julgado tanto pelos tribunais eclesiásticos como seculares.[5] Como se explica então que as Misericórdias e outras instituições religiosas o praticassem? Evidentemente que se tratava de uma das contradições da época, e não era mais possível negar a ubiquidade do crédito e a sua necessidade. Mesmo assim, havia que o despojar da carga negativa que o ganho de dinheiro a partir de dinheiro continuava a manter. Tal como S. Francisco fez aceitar a acumulação de riquezas nas cidades medievais em processo acelerado de crescimento artesanal e comercial, aconselhando os ricos a despojarem-se da riqueza e partilhar os seus bens com os pobres (Little, 1994) o final do século XV inventou o empréstimo a juros ao serviço da caridade. É preciso notar também que existiam na Idade Média formas mitigadas de crédito, como os censos consignativos, que consistiam na cedência do rendimento sobre uma propriedade com o intuito de pagar uma dívida (Galvin, 2002). Nalguns casos, o não pagamento desta última podia redundar numa transferência de propriedade para o credor, recebendo então a designação de *compra a retro*.

---

[4] Constituições Sinodais de Braga, 1697; tit. 68, Constituição 1, § 1.
[5] Ordenações Manuelinas, Liv. 4, tit. 14; Ordenações Filipinas, Liv. 4, tit. 67.

A relação das Misericórdias com o crédito não é clara quando se analisam os textos compromissais: o compromisso de 1577 proibia-o (cap. 37), mas o de 1618 admitia-o nas entrelinhas, ao falar dos depósitos de dinheiro nos cofres da Misericórdia, sem nunca chegar a uma enunciação clara das regras por que se pautava (caps. 14 e 16). Em face dos interditos vigentes, a falta de transparência textual torna-se fácil de entender.

O empréstimo a juros era prática corrente nas Misericórdias. Embora não estritamente lícito, o dinheiro das Misericórdias possuía um estatuto especial: pertencia aos mortos, era aplicado em benefício das suas almas, e, ainda que em menor grau, na cura das almas e corpos dos pobres, ainda sacralizados. Dizia Vieira no *Sermão das Obras de Misericórdia*: "Nos pobres, que estão pedindo nos degraus desta igreja, e nos que andam pedindo por estas ruas está o mesmo Cristo (...)" (Vieira, 1753: 11).

As Misericórdias possuíam avultadas somas em depósito, que rentabilizavam emprestando a juros. Não admira que no Estado da Índia estas confrarias recebessem o dinheiro dos defuntos, desencadeando um processo de habilitação de herdeiros nas terras de onde eram naturais, geralmente situadas na metrópole. Em processos que podiam demorar anos, as Misericórdias usavam o próprio para acumular juros, enquanto o dinheiro não era entregue aos herdeiros.

A acumulação de patrimônio nas Misericórdias, mesmo quando constituído por bens de raiz, era portanto facilmente transformada em capital líquido, proveniente de rendas agrícolas ou urbanas, rendas sobre a Fazenda Real, produtos das esmolas ou venda em hasta pública de propriedades herdadas. Esse dinheiro era uma fonte importante de rendimento, uma vez colocado no mercado de capitais, e algumas confrarias extraíram dessa atividade o grosso das suas receitas. Por outro lado, adquiriram ou herdaram numerosos títulos de dívida pública, os padrões de juro, frequentes sobretudo a partir do reinado de D. João III.

Não havia à época instituições bancárias. O mercado de crédito era difuso: ao nível local, várias instâncias emprestavam dinheiro, quer fossem conventos ou particulares, conforme deixam entrever alguns estudos disponíveis para algumas ordens religiosas e outras instituições. É preciso sublinhar que as Misericórdias não eram nem a única nem necessariamente a principal mutuadora local. A maior parte dos estudos existentes, no entanto, analisa o crédito no interior das Misericórdias sem obter uma imagem global do mercado de capitais (público e privado) existente em determinado período num território, com a exceção do trabalho de Inês Amorim sobre Aveiro (Amorim, 2006). Ressalve-se também que o empréstimo de dinheiro a juros pelas Misericórdias comportava riscos: estas não tinham meios de coação quando se tratava de efetuar cobranças difíceis. Os problemas com a falta de pagamento das dívidas dificilmente poderiam ser resolvidos recorrendo ao direito (Clavero, 1996: 169, 177), o que deixava a instituição credora desprovida de meios legais para atuar. Daí que uma das lutas das Misericórdias locais tenha consistido em obter do rei autorização para que as suas dívidas fossem cobradas como Fazenda Régia, isto é, usando os mesmos meios utilizados pelo rei para cobrar os seus rendimentos. Entre estes, a certeza de que a dívida não cessava por morte do devedor, sendo transmitida aos seus herdeiros.[6]

---

[6] Ordenações Filipinas, Liv. 2, tit. 52, § 5; tit. 53.

As Misericórdias praticaram em regra uma taxa de juro de 5% para os depósitos e de 6 e 1/4 % para os empréstimos, mais baixa quando comparada com outras praticadas no mercado, o que explica que haja notícia de alguns indivíduos solicitarem dinheiro à Misericórdia local para depois o emprestarem novamente a uma taxa mais elevada.

Regra geral, as Misericórdias com maior tendência para se envolver no mercado local de capitais eram as que se inseriam em regiões cuja economia exigia investimentos constantes. Era o caso dos senhores de engenho e fazendeiros de cana baianos, que todos os anos deviam mobilizar capitais para a recolha da cana e produção de açúcar; dos negociantes de Macau, que precisavam de dinheiro para organizar as viagens e investir nos tratos. No caso de Macau, o dinheiro que se aplicava nas despesas da Misericórdia era apenas uma pequena parte dos dinheiros que estavam a juro ou investidos nos barcos (Sá, 2003: 50).

Mesmo em zonas rurais sem grande envolvimento no comércio de longo curso as Misericórdias emprestavam dinheiro localmente, embora não esteja claro a que atividades concretas esse financiamento se destinava. Existem razões para pensar que estamos perante casos de endividamento aristocrático, uma vez que alguns dos devedores se encontravam na corte e recorriam às Misericórdias das suas terras de origem para obter crédito. Outros empréstimos destinavam-se também a aquisições de terra e casas, ou a benfeitorias em propriedades.

Tudo indica que as elites que compunham as Mesas tinham acesso preferencial aos capitais que as Misericórdias emprestavam. Dependendo das alianças que estabeleciam com os seus pares e do controle que conseguiam obter sobre os recursos em depósito, muitos membros do topo da confraria (pelo que se entendem provedores, definidores e mesários, em exercício ou fora dele) conseguiam de fato retirar capitais que não eram averbados nos livros de contabilidade. Por outro lado, era fácil escapar ao pagamento regular de juros quando se era importante na terra. Dessa forma, os juros acumulavam-se e os próprios das dívidas tinham hipóteses cada vez mais remotas de serem repostos. Uma teia de relações clientelares protegia e propagava o sistema, e muitas dívidas não chegaram a ser pagas. Apesar da difícil cobrança dos juros, o crédito constituiu em muitos casos a maior fatia dos rendimentos das Misericórdias; não raro emprestavam dinheiro mediante fiança em objetos de ouro e prata que ficavam guardados na confraria.

A gestão dos capitais

As Misericórdias constituíram máquinas administrativas aparentemente bem ordenadas. Todos os irmãos da Mesa que cumpriam os cargos de mordomia apresentavam despesas, e havia tesoureiros encarregados de registar as receitas. Cada um desses irmãos elaborava as suas contas em cadernos no final do mês, e um dos tesoureiros apresentava uma folha mensal de receita e despesa. No final do ano, que ocorria em junho, a Mesa cessante apresentava a contabilidade anual.

Os capitais emprestados pelas Misericórdias provinham muitas vezes de instituições de capela, em que as missas por alma do testador tinham de ser pagas através da rentabilização do patrimônio legado para esse efeito. A posse de terra ou bens imobiliários obrigava-as a contratos de arrendamento destas propriedades, uma vez que em muitos casos a exploração direta foi impossível. As capelas requeriam escrituração própria, visto que, para além de possuírem bens, era necessário aplicar os seus rendimentos de acordo com as vontades expressas pelo doador.

As Misericórdias guardavam dinheiro e valores em arcas com várias fechaduras, cujas chaves estavam na posse de pessoas diferentes, pelo que só podiam ser abertas com o conhecimento delas. A presença destas arcas nas confrarias foi ubíqua, muito embora nem sempre desde o início. A caixas, blindadas, e impossíveis de transportar de forma discreta, só se abriam na presença dos guardiães das chaves. Era uma garantia que dificultava os levantamentos de dinheiro abusivos, mas não os tornava impossíveis em caso de conluio entre os detentores das chaves. Estas regras, cujo alcance se percebe com facilidade, tinham como contrapartida tornar essencial que os indivíduos que geriam as Misericórdias tivessem entre si um bom entendimento: daí que, um pouco por todo o lado, se sinta que nas eleições estava em jogo não abrir brechas em determinada fação que dominava a Misericórdia, afastando os elementos indesejáveis dos lugares de direção. Muito curiosamente, as regras de segurança e certificação contribuíram para reforçar a importância das redes de dominação no interior destas confrarias. A longo prazo tiveram no entanto a desvantagem de transformar as Misericórdias em confrarias fechadas, em grande medida inacessíveis aos extratos sociais emergentes.

A administração de hospitais "gerais"

As Misericórdias não tiveram como objetivo administrar os hospitais locais nas suas primeiras décadas de existência. Se depois se tornaram as principais gestoras destes, devemo-lo a um processo cujo desenlace é posterior ao Concílio de Trento e que esteve longe de ser linear.

O reinado de D. João II assistiu ao nascimento do hospital moderno em Portugal, inicialmente com a fundação do Hospital Termal das Caldas, situado nas terras da rainha D. Leonor, e depois com o Hospital de Todos-os-Santos, este uma criação do rei. Embora alguns autores insistam na medicalização como traço distintivo do hospital moderno (Park e Henderson, 1991: 171), não se insistiu na separação entre as áreas de hospitalidade para viajantes e peregrinos e os espaços dedicados a doentes, evidente nos casos portugueses. Esta demarcação de espaços parece constituir o essencial do hospital moderno, mais do que a importância crescente do pessoal médico. Relativamente ao hospital medieval, que tinha um estatuto ambíguo entre a albergaria de viajantes e peregrinos e local de tratamento de doentes, tratou-se de um passo importante, ou pelo menos mais detectável nas fontes, do que o aumento da presença de pessoal médico.

As Misericórdias não contemplaram a administração hospitalar desde o início. O compromisso de 1516 da Misericórdia de Lisboa, de resto, era claro quanto ao que se devia fazer relativamente à cura de doentes: não seriam os irmãos a tratá-los, mas apenas a solicitar a sua admissão nos hospitais (cap. 21). O Hospital de Todos-os-Santos parece ter fornecido o pretexto para a formação de uma máquina judicial especialmente destinada a fazer reverter o controle das capelas e missas por alma do termo de Lisboa em favor da administração régia (Salgado e Salgado, 1996). No entanto, esse processo de "jurisdificação" do hospital no reinado de D. Manuel não conferia qualquer competência na matéria à Misericórdia de Lisboa. O que se compreende muito bem: o hospital, afinal, foi uma instituição régia desde os tempos da sua fundação por D. João II, embora só tenha começado a funcionar em 1502.

A política régia no que respeita aos hospitais de algumas vilas e cidades parece ter sido diferente, uma vez que se conhecem vários casos em que o rei procurou transferi-los para a alçada das Misericórdias, pelo que se pode dizer que estas administraram hospitais desde os seus inícios. Mas regra geral o grande movimento de incorporação dos hospitais locais às Misericórdias ocorreu logo nos anos imediatamente posteriores à conclusão do Concílio de Trento: entre 1560 e 1578 a monarquia incorporou cerca de 30 hospitais às Misericórdias (Abreu, 1996: 146). Entre os hospitais incorporados, a "joia da Coroa", o Hospital de Todos-os-Santos, depois de uma tentativa de D. João III de entregar os grandes hospitais do reino aos Cônegos de S. João Evangelista, que, mal o monarca faleceu, se apressaram a restituí-los à Coroa. Poderia ter havido muitas razões para esse procedimento, mas a mais importante talvez fosse o financiamento, aspecto em que as Misericórdias apresentavam vantagens inultrapassáveis. Quando foram os cônegos a administrar os hospitais, esperaram pelas subvenções régias com todas as demoras e contratempos que a dependência da Fazenda Real acarretava; com as Misericórdias esse problema não se punha, uma vez que estas não precisavam dos pagamentos régios (com a exceção do tratamento de soldados), para além de os gerirem gratuitamente.

Nem todos os hospitais passaram para a tutela das Misericórdias; alguns possuíam documentos pontifícios que os isentavam, e muitos pequenos hospitais mantiveram a sua independência em face da Misericórdia local. Entre os grandes hospitais, as duas exceções mais importantes são constituídas pelo Hospital das Caldas e pelo Hospital de Goa, administrados respectivamente pelos Loios e pelos Jesuítas durante os séculos XVII e XVIII. Outros só foram entregues às Misericórdias ao longo do século XVII; entre eles se incluem numerosas antigas gafarias e albergarias. No entanto, podemos afirmar que existe uma nítida tendência de as Misericórdias tomarem a seu cargo a assistência aos pobres doentes, tutelando grande parte dos hospitais locais, quer fossem criações antigas ou relativamente recentes.

O resgate de cativos e a Ordem da Trindade

A Ordem da Trindade, especializada no resgate de prisioneiros de guerra contra "os inimigos da fé", estabeleceu-se em Portugal no reinado de D. Dinis, tendo concentrado a sua ação nos cristãos em posse dos muçulmanos. A sua ação circunscrevia-se aos cativos portugueses, sendo os resgates negociados no sul do reino, no sul da Península e até no Norte de África. Frei Jerônimo de S. José, autor de uma história encomiástica da Ordem, atribuiu-lhe milhares de resgates entre os séculos XIII e XIV (S. José, 1789: 247 e 290). Com o início das campanhas de África, poder-se-ia esperar que a Ordem tivesse redobrado a sua atividade nessa matéria. No entanto, tal não aconteceu: Afonso V retirou-lhe competências através do *Regimento da rendiçam dos captivos christãaos* de 1454-1455, no qual se deixava em aberto a possibilidade de ser outra entidade que não os Trinitários a tratar dos resgates.[7] Em 1461 temos notícia de que se fez um contrato entre o rei e a Ordem no sentido de serem os funcionários régios a tratar

---

[7] BNP, Reservados, cx. 203, doc. 19, fl. 1. Sobre resgate de cativos cf. Alberto, 1994.

deles, pelo menos em vida de Afonso V, mediante o pagamento de 25 mil reis anuais à Ordem.[8]

A partir da morte do rei a Ordem deu início a uma longa luta com o objetivo de recuperar as prerrogativas perdidas. D. João II recusou-se a revogar o acordo e este manteve-se em vigor até D. João III, que morreu sem formalizar a sua intenção de restituir o monopólio dos resgates aos Trinitários. Finalmente D. Sebastião assinou novo contrato com a Ordem, confirmado por alvará de 7 de junho de 1561. Neste mantinha-se a estrutura de pedidores entretanto criada pela Coroa, que continuava com a angariação de fundos para os resgates a seu cargo. A Ordem continuava a poder pedir esmolas, e recebia da Coroa uma compensação de 80 mil réis destinada à manutenção de dois dos seus conventos. Os privilégios da Ordem reservavam-se para a parte logística dos resgates: os funcionários régios tinham de ser acompanhados por dois trinitários nas expedições – e nunca por religiosos de outras ordens – e as decisões no terreno seriam tomadas conjuntamente. A Ordem da Trindade conservava ainda a prerrogativa de acolher os cativos na chegada a Portugal, fazendo procissão solene e albergando-os nos seus conventos, de onde sairiam para as suas terras de origem.

Uma chamada de atenção: a década de 60 do século XVI, em que se verifica o maior contingente de incorporação de hospitais nas Misericórdias, é também aquela em que a Ordem da Trindade consegue o monopólio logístico dos resgates de cativos. Parece portanto corresponder a uma espécie de *hora da verdade* no que toca à definição de competências, resolvendo os impasses dos reinados anteriores, uma vez que

---

[8] Contrato in S. José, 1789: 292-5.

se trata da década da conclusão do Concílio de Trento (1545-1563) e da recepção dos seus decretos em Portugal.

Pouco sabemos acerca dos resgates que decorreram no período de quase cem anos durante o qual os trinitários não se puderam encarregar deles. Mas é significativo que Frei Jerónimo de S. José, o autor setecentista da história da Ordem, nos aponte a Misericórdia como agente dos resgates entre 1498 e 1505, pela mão de Frei Miguel Contreiras, supostamente também trinitário, o que parece sintomático da concorrência entre a Misericórdia e a Ordem.

O compromisso de 1577 incluía disposições sobre o resgate de cativos pela Misericórdia de Lisboa, embora afirmasse não pretender mandar fazer resgates gerais através dos seus irmãos. Lê-se no texto respectivo: "E pela experiência que se tem dos grandes trabalhos e despesas que a esta casa sucederam, de *mandar resgatar cativos por irmãos dela*: o Provedor, e irmãos daí em diante não mandarão fazer *resgates gerais* de cativos..." (cap. 33). A Misericórdia continuaria a colaborar no seu resgate, mas não a ocupar-se das negociações que lhes diziam respeito. A Misericórdia de Lisboa continuou a conceder esmolas para resgatar cativos, mas o compromisso de 1618 afirmava que o dinheiro para eles devia ser entregue aos trinitários ou a quem deles se ocupasse por mercê régia (cap. 32). Muito dificilmente podia ter cessado de o fazer, uma vez que era hábito os testadores aplicarem verbas para esse efeito nos bens que deixavam às Misericórdias.

No que respeita às restantes Misericórdias, a sua participação nos resgates de cativos parece ter-se circunscrito à angariação pontual de fundos quando solicitadas pela Coroa, que o fazia por ocasião da preparação dos resgates gerais. Apenas a Misericórdia de Goa assumiu a função de providenciar o resgate de prisioneiros no Estado da Índia.

A correspondência entre as Misericórdias e os testamentos ultramarinos

Os portugueses, habituados a contemplar as Misericórdias da metrópole nos seus testamentos, continuaram a fazê-lo quando residiam em terras longínquas. A razão dos seus legados tinha uma origem afetiva: estes homens decidiam fazer regressar os seus patrimônios às Misericórdias dos lugares de origem, uma vez que até ao século XIX o seu percurso migratório raramente incluiu o retorno à metrópole. A correspondência que algumas Misericórdias mantiveram com as suas congêneres do Estado da Índia tem sido estudada (Amorim, 1991; Costa, 1999; Araújo, 2000; Freitas, 1995). As heranças de defuntos do Império fascinam pela distância da metrópole a que são deixadas: China, Manila, as fortalezas da Península Hindustânica, Ormuz e Malaca. Fortunas criadas por processos não detectáveis nas fontes, por vezes por homens que não sabiam ler nem escrever.

Inicialmente cabia às cidades de Cochim e Goa centralizar a correspondência proveniente das Misericórdias do Estado, dividindo o território entre si, mas com o tempo Goa passou a sobrepor-se nesta função (Sá, 1997a: 204). O principal objetivo deste serviço era procurar os herdeiros dos defuntos nas terras onde os seus familiares viviam. Note-se que os testadores raramente beneficiavam apenas as Misericórdias metropolitanas, deixando também alguns bens às Misericórdias dos lugares do Oriente onde se encontravam. A dificuldade em transmitir patrimônio a grandes distâncias ocasionou situações que revelam o desamparo dos herdeiros metropolitanos. Houve pessoas em Portugal que solicitaram à Misericórdia da sua terra que se encarregasse de lhes fazer chegar uma eventual herança, oferecendo metade desta como contrapartida.

O processo de transmissão de heranças entre pessoas que se encontravam a milhares de quilômetros de distância tendia a ser moroso, tanto mais que os mediadores, neste caso as Misericórdias, retiravam lucros por manterem as heranças guardadas em depósito, emprestando a juros o seu capital. A juntar à lentidão das deslocações, para além de um complicado processo de rastreamento e certificação da legitimidade dos herdeiros do defunto, as Misericórdias tinham pouco interesse em acelerar o processo, a não ser quando eram elas as herdeiras. Havia por vezes dificuldades em reunir o dinheiro dos defuntos, quando se tratava de mercadores, pois grande parte do seu capital se encontrava em circulação nos tratos, confiado a terceiros ou emprestado. Por outro lado, quando já na posse das Misericórdias, os fundos das heranças eram muitas vezes postos a render no mercado de crédito em benefício destas. No entanto, esses capitais atraíam outros predadores: no caso de Goa, foram utilizados pela Coroa quando foi preciso financiar a guerra contra holandeses e ingleses, obrigando a confraria a perder credibilidade junto das Misericórdias metropolitanas, que se viam obrigadas a ganhar tempo nos seus contatos com os herdeiros (Sá, 1997a: 208-210).

Apesar destes obstáculos, que porventura terão prejudicado mais os interesses dos familiares dos defuntos do que as Misericórdias, algumas destas instituições constituíram importantes serviços de assistência com base em heranças provenientes do Império. Algumas chegaram a formar novas instituições, ou a construir novos edifícios para as já existentes.

No século XIX, será a vez dos "brasileiros" beneficiarem as Misericórdias e outras instituições de assistência. No Porto, são bem conhecidos o colégio do Barão de Nova Sintra, bem como o Hospital de Alienados do Conde de Ferreira (Sá, 2000: 117-133). No entanto, ao contrário dos testadores do Estado da Índia, que deixavam as heranças a partir das possessões portuguesas na Ásia, sem terem voltado ao Reino, os benfeitores brasileiros eram muitas vezes emigrantes de retorno em processo de reenraizamento na metrópole.

Capítulo 3

Elites, Misericórdias e poder local: de Lisboa às especificidades locais

Este capítulo tem a intenção de estudar a dinâmica interna das Misericórdias e o seu relacionamento com as restantes instituições locais. Relativamente ao primeiro aspecto, tentaremos discernir a evolução de dois vetores fundamentais, o recrutamento de irmãos e a organização de chefias; no segundo, analisaremos algumas constantes dos conflitos entre estas confrarias e as instituições locais. A argumentação que sigo visa evidenciar as vertentes burocratizantes e elitizantes dessa evolução, sem contudo cair no exagero de afirmar que as hierarquias sociais se diluíam nos primeiros anos das Misericórdias. No que respeita aos conflitos, creio que a sua frequência revela precisamente os *limites* da burocratização em curso. Apesar de os privilégios das Misericórdias serem conhecidos (não havia nenhuma que não possuísse um livro para os registar), a verdade é que na prática nem todas as instituições estavam dispostas a reconhecê-los. Muitos conflitos não teriam ocorrido se as prerrogativas das Misericórdias fossem aceitas de bom grado pelas diferentes instituições presentes ao nível local.

O recrutamento

Confrades e irmãos?

A estruturação das Misericórdias implicou a projeção das fronteiras sociais existentes na sua composição interna, numa relação causa-efeito: em breve as Misericórdias passaram a ser agentes na sua construção, potenciando a discriminação entre os indivíduos segundo diferentes formas de pertença, ou níveis diferenciados de exclusão. Em primeiro lugar, as Misericórdias consubstanciaram as clivagens existentes na sociedade portuguesa: desde o seu início só eram admissíveis os que tivessem recebido a água do batismo (em 1498 os traumas da conversão forçada dos judeus eram recentes). Com o tempo, as condições de admissão revelaram-se cada vez mais restritivas, no que respeita à qualidade social dos candidatos, às suas competências de literacia, e ao seu bom comportamento moral.

O processo evolutivo da composição social das Misericórdias parece acompanhar, nas palavras de Romero de Magalhães, a "cristalização oligárquico-aristocrática" das elites da governança local, que chega ao seu termo em meados do século XVII (Magalhães, 1993: 328). Também para Nuno Monteiro, o momento fulcral da constituição da elite titular da nobreza se situa nas últimas décadas da monarquia dual e na Guerra da Restauração, a que se seguiu um longo período de estabilidade (1999: 35-36). Nas Misericórdias opera-se uma crescente restrição dos indivíduos com capacidade para integrar a confraria, através não apenas da imposição de *nume-*

rus clausus adaptados a cada caso confraternal, mas também a partir de um número crescente de condições exigidas aos candidatos a irmãos. Se o compromisso de 1516 mencionava apenas os que tivessem recebido a água do batismo, o compromisso de 1577 erradicava os cristãos-novos e o compromisso de 1618 formalizava sete condições de admissibilidade.

Tudo aponta para que a confraria no século XVI fosse ainda aberta a uma camada alargada da população, onde possivelmente a distinção se faria entre confrades (indivíduos inscritos sem funções diretivas na confraria) e irmãos (Oliveira, 2000). Estes, em número de 100 na Misericórdia de Lisboa, além das funções devocionais, desempenhariam os cargos de direção e as tarefas assistenciais. Esta distinção encontra-se presente no texto do compromisso de 1516; no texto de 1577, continuam a mencionar-se confrades e irmãos, mas a designação adquire fronteiras imprecisas, gerando alguma ambiguidade. Esta hipótese encontra-se documentada apenas para o caso de Évora: a Misericórdia é inaugurada com uma procissão solene, acompanhada de pregação, correndo as despesas por conta do rei, e existe uma lista de participantes na qual figuram em primeiro lugar o rei e a rainha, D. Leonor, o mestre de Santiago e o conde de Tentúgal; o caráter global das inscrições transparece no fato de se registarem mulheres (*PMM* 3: 541-544).

O livro dos irmãos e confrades da Misericórdia de Évora, no entanto, permanece único no contexto das primeiras Misericórdias portuguesas, pelo que não podemos afirmar se estas tiveram um recrutamento alargado, alicerçado num número reduzido de irmãos e num número muito maior de confrades. No entanto, muitas confrarias tardo-medievais faziam uma distinção entre irmãos e inscritos: aos primeiros cabia o serviço voluntário e os cargos diretivos, e aos segundos a participação nas orações e missas, e o benefício de eventuais indulgências. De resto, era assim na Misericórdia de Florença, em que os inscritos, que tanto podiam ser homens como mulheres, pagavam uma quota anual. No seu compromisso de 1501, declara-se que lhes competia rezar três padres nossos e três ave-marias por cada morto quando tocasse a campainha; aos irmãos, competia-lhes ocupar-se da organização do enterro (*in* Sousa, 1999: 269 e 277).

Resta saber se a distinção entre irmãos e confrades (meros inscritos) se confirma nas poucas outras Misericórdias que conservam documentação para a primeira metade do século XVI. Note-se que a categoria de "confrade" podia ser póstuma, designando aqueles que, embora nunca tivessem pertencido à Misericórdia local, deixaram legados a favor desta, integrando-a na comunidade dos mortos. A categoria de confrade era também própria dos que recolhiam esmolas para a confraria, que o texto de 1516 designa por confrades e não por irmãos (cap. 16).

Só homens

A presença de mulheres nas Misericórdias restringe-se aos primeiros anos da sua existência (Sá, 1997a: 94-95). É provável que, à semelhança do que se passava em Florença, a participação de mulheres se limitasse aos confrades e não aos irmãos. Nos finais do século XVI, quando os inscritos desapareceram como figura confraternal, é provável que as mulheres tenham desaparecido enquanto membros. Daí em diante, a participação das mulheres por direito próprio, com a categoria de "irmãs", restringia-se às viúvas de irmãos; algumas delas, de resto, ocuparam lugares nas provedorias, embora em Misericórdias de menor dimensão (Sá, 2001).

As Misericórdias eram portanto irmandades masculinas, numa época em que a caridade ocupava um lugar demasiado central para ser deixado ao cuidado das mulheres. Se, na senda de Boxer (1965), considerarmos as Misericórdias como um dos pilares do poder local, este aspecto inviabilizava a participação das mulheres no seu interior. Se nos finais da Idade Média era possível ainda uma participação conjunta de homens e mulheres nas confrarias, de que encontramos ainda vestígios nos primeiros anos das Misericórdias, posteriormente esse papel foi relegado para segundo plano, até desaparecer quase por completo. A relutância das confrarias em admitir mulheres é de resto generalizada. No século XVIII, mesmo nas confrarias que as admitiam, eram-lhes adscritos sempre papéis subalternos, sendo-lhes vedado o acesso aos cargos de chefia (Araújo, 1997: 327); o mesmo se pode dizer das Ordens Terceiras, que, embora admitissem um número elevado de mulheres, lhes confiavam cargos pouco importantes e quase sempre relacionados com a tutela do setor feminino da Ordem (Costa, P., 1999: 227).

O que sabemos sobre a participação das mulheres nas práticas de caridade institucional em Portugal leva-nos a concluir que elas tiveram um papel apagado enquanto prestadoras de serviços. Não existe nenhuma sequela portuguesa das *Dames de Charité*, surgidas em França no século XVII (1633), associadas à figura de S. Vicente de Paulo, que consistiam num grupo de senhoras da aristocracia parisiense que prestava serviço voluntário nas instituições de caridade em que o seu mentor exercia a sua ação. Mesmo essas, devido à dureza de muitas das tarefas hospitalares, acabaram por se fazer auxiliar por serventes do mesmo sexo. Quanto às Misericórdias, pouco ou nada se referem a mulheres enquanto praticantes das obras de misericórdia: só os homens tinham obrigação de as cumprir. As que encontramos fazem parte do seu pessoal assalariado: numerosas no caso das amas de expostos, hospitaleiras (sempre mulheres dos hospitaleiros), ou ainda servidoras domésticas (amassadeiras, aguadeiras, lavadeiras, cristaleiras etc.). Neste universo, só havia lugar de destaque para Maria Mãe de Cristo e para figuras pretéritas que se lhe assemelhavam, encarnando a capacidade de perdão da Virgem, ou por outras palavras, rainhas de Misericórdia, imagem que o senso comum guarda da Rainha Santa Isabel (1270-c.1336) ou de D. Leonor (1498-1525).

Que homens? Categorias de irmãos

As Misericórdias estabelecem distinções entre os seus membros, que apartavam sempre em duas categorias distintas: os irmãos nobres, ou de primeira condição, e os de segunda condição, não nobres, recrutados entre as elites do artesanato (sempre mestres com loja aberta). Todos obedeciam a um requisito comum, o de não terem de trabalhar por suas mãos, de forma a poderem acudir às tarefas confraternais.

Essa composição binária esteve presente desde os inícios das Misericórdias, sendo a divisão entre irmãos de primeira e segunda categoria quase onipresente, e regulamentada estatutariamente. No entanto, uma vez mais, o compromisso de 1516 mostra-se menos sensível a categorias de distinção social: menciona oficiais mecânicos e pessoas de "melhor condição", sem nunca se referir à sua fidalguia ou nobreza. No compromisso de 1577, dividem-se já os 600 irmãos em nobres e oficiais (note-se o aumento numérico da irmandade de 100 para 600 em apenas 60 anos).

As Misericórdias nem sempre se dividiram apenas em dois setores. Na vila de Lagos vigorou durante algum tempo uma concepção ternária da irmandade, que tentou impor o "terço dos mareantes", isto é, a afetação de um terço dos membros da irmandade aos indivíduos desta categoria: 33 nobres, 33 mareantes e 33 mecânicos. Esta disposição acabou por ser revogada em 1582 "por evitar brigas, ódios e inimizades" (Corrêa, 1998: 369). Não é fácil saber qual o estatuto destes mareantes, mas pode-se supor que desejariam ser tratados numa posição próxima da dos nobres, uma vez que constituíam uma das principais forças sociais da vila.

As regras de recrutamento das Misericórdias podem resumir-se às palavras os "melhores da terra", adaptando-se esse conceito à realidade local. Na Corte, significava integrar o rei como irmão: os Filipes apressaram-se de resto a fazê-lo, mesmo governando o reino à distância. Mas numa vila secundária de um arquipélago remoto, como na Praia, esta exigência equivalia a admitir como irmãos de primeira condição lavradores e mestres artesãos, gente de trabalho manual, muitas vezes iletrada (Sá, 1997a: 142). A Misericórdia de Macau constitui exceção, porquanto, segundo o compromisso de 1627, deveria ter 300 irmãos "dos quais para bem deveriam ser 150 nobres, e outros tantos mecânicos; mas como nesta cidade não há portugueses que exercitem semelhantes ofícios, ficam sendo todos de um teor" (cap. 2).

Alguns indivíduos sentiam a sua inclusão na segunda categoria como uma exclusão da primeira, não sem alguma razão, uma vez que a subalternidade dos irmãos não nobres é evidente. Imaginemo-los a obedecer ao irmão de primeira condição quando se deslocavam pelas ruas aos pares no cumprimento de alguma das tarefas da confraria; a serem sugestionados nas eleições pelas escolhas dos "nobres". O compromisso de 1618 prescrevia cinco pares de eleitores, formados por um nobre e um oficial, sendo que os irmãos nobres deviam combinar com os oficiais a escolha dos mesários oficiais, e estes últimos deviam acatar a escolha dos irmãos nobres (cap. 5). Imaginemos também os irmãos de segunda a desempenhar tarefas que envolviam menos-valias sociais, tais como carregar objetos em público ou deslocar-se ao açougue e ao mercado para proceder ao abastecimento dos hospitais. Note-se que, na Idade Média, os trabalhos que envolvessem contatos com sangue ou vendas em público eram considerados impuros, e que na Época Moderna um nobre continuaria a se esquivar de tais tarefas.

Para os que integravam uma Misericórdia enquanto irmãos de segunda categoria, esta pertença podia significar tanto a proximidade do poder (nesse caso o irmão sentia-se promovido), ou a frustração de expectativas de ascensão social. Nesse caso, era vulgar a revolta do visado, em especial em Misericórdias inseridas em meios de maior mobilidade social ascendente, como era o caso de Salvador. Nas Misericórdias da metrópole, em contrapartida, existia uma camada média da população que se orgulhava de pertencer à mesma confraria dos principais da terra. Era constituída ela própria pelas elites do artesanato e comércio, e até, nas vilas de forte cariz rural, por alguns lavradores proprietários. A todos se impunham, a partir do compromisso de 1618, aptidões de literacia e capacidade de prestar serviço na confraria. Para os mestres artesãos, este requisito implicava "tenda aberta" e tempo livre, o que significava dispor de oficiais e aprendizes ao serviço da oficina. Estes membros de segunda condição aproximavam-se também dos recursos da caridade: um dote de casamento para uma sobrinha órfã, um dinheiro para pagar uma dívida, o aforamento de uma propriedade em condições vantajosas etc. Por outro lado, entre os artesãos, havia igualmente a possibilidade de se beneficiar de contratos adjudicados pela própria irmandade.

Quem eram os irmãos de primeira condição? Tinham entrada automática nesta categoria os membros da nobreza. Entre estes, as grandes famílias assumiam quase sempre um papel preponderante, por vezes perpetuado ao longo de várias gerações, e a Misericórdia transformava-se num assunto de família, onde pais e filhos, irmãos, primos e cunhados, e tios e sobrinhos se encontravam regularmente. Desta forma, as Mesas das Misericórdias contavam com elementos que ostentavam os mesmos nomes de família, por vezes ao longo de várias gerações.

Nas Misericórdias coloniais a dominação da nobreza foi menos clara, em virtude de muitos colonos, malgrado a proeminência social de que usufruíam ao nível local, não possuírem de fato esse estatuto. Por outro lado, essas Misericórdias integravam os indivíduos que representavam o rei: vice-reis, governadores e capitães-generais, capitães de fortaleza, corregedores, juízes de fora e ouvidores. Não obstante, um olhar sobre as listas de irmãos de Misericórdias em territórios metropolitanos revela-nos idêntica participação dos funcionários régios e seus filhos nas Misericórdias: governadores e capitães gerais, corregedores de comarca, juízes de fora e capitães de fortaleza. Assiste-se também a uma penetração dos oficiais do exército que se inicia com as Guerras de Restauração para continuar sem quebra durante o século XVIII. Nem todas estas entidades possuíam estatuto de nobreza à partida, adquirindo-o apenas pelo fato de desempenharem funções nobilitantes, o que as afastava da fidalguia das linhagens locais (Monteiro, 1999 e 1999b). A questão é se detiveram o poder nestas irmandades e, em caso afirmativo, em que momentos da sua história. A importância crescente dos soldados e militares de carreira nas Misericórdias a partir de meados do século XVII é fácil de compreender como sequela das guerras de Restauração e no seguimento da "fronteirização" de algumas regiões do país, transformadas em baluartes da defesa militar do território. As pessoas que exerciam funções nobilitantes (os oficiais superiores das ordenanças, os magistrados, entre outros) entravam para a Misericórdia como irmãos de primeira condição. No entanto, nem sempre a sua inclusão nesta categoria foi bem aceita: nalguns casos as elites locais consideravam-nas intrusas. Noutros, observa-se uma participação controlada dos funcionários régios: por um lado, era necessário contá-los entre os aliados da confraria, por outro, representavam membros estranhos à comunidade local, nem sempre coniventes das suas redes de cumplicidades. Em 1576 a Misericórdia de Lagos admitiu por irmão o juiz de fora da vila juntamente com oito novos membros. O registo menciona-o isoladamente em relação aos restantes, com os seguintes dizeres: "por desejar muito servir a dita casa e *pelo favor que dele se espera* e por nos parecer coisa muito necessária" (*in* Corrêa, 1998: 368).

Os eclesiásticos, por muito representados que estivessem nas Misericórdias ou por mais que controlassem os seus órgãos de decisão, tinham de funcionar segundo as regras da confraria. Em algumas localidades, como Braga, senhorio eclesiástico, a presença de cônegos da Sé e outras dignidades capitulares na provedoria da irmandade superou em muito a fidalguia local (Ferreira, 1940).

Os negociantes de grosso trato nem sempre foram admitidos como irmãos de primeira condição; a sua inclusão nesta categoria foi precedida por um processo de evolução que se desenrolou no século XVIII, em Salvador mais cedo do que no Porto, por exemplo. Enquanto que na primeira os caixeiros oriundos da metrópole casavam com as ricas herdeiras locais (filhas dos irmãos de primeira condição), integrando a Misericórdia muitas vezes com melindrosas funções contabilísticas (exercendo o cargo de tesoureiro), no Porto esperou-se por 1767 para que um acórdão da Mesa sancionasse a possibilidade de serem admitidos negociantes entre a primeira categoria.[9]

Noutras Misericórdias, quando certos extratos inferiores da nobreza passaram a ser admitidos na primeira categoria, isto significou geralmente que a confraria se encontrava em declínio, e os antigos principais da terra a tinham abandonado. Veja-se, por exemplo, Vila Viçosa, tomada de assalto pelas ordenanças dos regimentos, quando, mercê da ida da corte ducal para Lisboa, a decadência da vila arrastou a perda de importância da sua Misericórdia (Araújo, 2000: 127).

Importa salientar, por último, um aspecto fundamental da pertença às Misericórdias. Embora os irmãos retirassem capital simbólico e social enquanto membros, fazia parte das suas obrigações o serviço voluntário na confraria. Embora este fosse mais pesado para os mesários, que distribuíam as diferentes mordomias entre si, uma das regras básicas para ingressar na confraria era não a servir por salário. Esta regra nem sempre era cumprida, uma vez que se admitiram frequentemente como irmãos os capelães ou os médicos que serviam à irmandade.

A atuação dos irmãos, de qualquer condição ou estatuto, pautava-se por um *ethos* estrito de serviço: não podiam espe-

---

[9] Arquivo Histórico da Santa Casa da Misericórdia do Porto, Liv. 7 das Lembranças, fl. 263.

rar qualquer prêmio temporal, mas, conforme o compromisso de 1516, "apenas prêmio e galardão de Deus todo poderoso a quem servem" (cap. 4). Aqueles que trabalhavam como assalariados (cada vez mais numerosos ao longo do século XVII) não podiam integrar a irmandade como irmãos. A diferença era óbvia: enquanto os irmãos serviam a Deus, os assalariados da Misericórdia serviam à confraria. É inegável que, para o grupo dos irmãos que exerciam funções diretivas ou assistenciais e as levavam a sério (por vezes uma minoria no conjunto global da irmandade), a Misericórdia significava um enorme gasto de tempo e energia, que haveria de ser recompensado, quanto mais não fosse, no Dia do Juízo.

A participação de cada um na vida confraternal e nas tarefas assistenciais dependia de circunstâncias individuais, e a sua distribuição era desigual. As tarefas menos prestigiantes, sobretudo se exercidas em público, eram deixadas para o irmão mecânico, ou, quando muito, eram efetuadas aos pares. O irmão nobre assumia o comando, deixando ao irmão não nobre as ações menos dignas, como carregar objetos em público, o que explica, por exemplo, que a maior parte dos mamposteiros tivesse origem mecânica: seria estranho que uma atividade como mendigar, ainda que autorizada e destinada a beneficiar terceiros, fosse exercida por irmãos nobres.

Os séculos XVII e XVIII assistiram à proliferação de funcionários pagos da confraria, quer fossem capelães, serventes do azul (equivalentes aos atuais contínuos), enfermeiros, gatos-pingados ou escriturários. A forma como se multiplicaram os trabalhadores assalariados constitui também outro índice de crescente elitização da confraria, uma vez que possibilitava aos irmãos desempenhar apenas as tarefas consideradas prestigiantes ou as funções executadas em contextos rituais. Em contrapartida, o número de tesoureiros e mordomos passou no compromisso de 1618 a extravasar claramente o número de cargos atribuídos entre os mesários. O *ethos* de serviço foi uma constante ao longo do período estudado, e seria distorcedor negar que muitos dos irmãos se dedicaram com empenho às infindáveis tarefas que compunham a vida das Misericórdias. Tarefas assistenciais, como visitar os pobres em suas casas, assistir os presos nas cadeias, gerir os hospitais; mas também tarefas administrativas e judiciais, como manter a escrituração da confraria, representá-la em juízo nas suas demandas ou tratar dos seus interesses na Corte. Uma quantidade de trabalho gigantesca, que, se não foi em muitos casos isenta da prossecução dos interesses pessoais dos seus protagonistas, testemunha o papel central do *ethos* de serviço nas sociedades do Antigo Regime.

Irmãos em número fechado

Durante a dominação filipina promulgaram-se com grande incidência os diplomas legislativos que fixam o *numerus clausus* destas confrarias. Geralmente este quantitativo era uma das especificidades dos compromissos locais, que referimos no capítulo anterior, muito embora houvesse lugar para retificações posteriores promulgadas por carta régia.

A importância do *numerus clausus* merece ser sublinhada: para além de constituir um indicador do tamanho dos grupos da elite que compõem a população de uma vila ou cidade num determinado momento, demonstra também que nem o rei nem as elites locais estavam interessados em desvirtuar a seletividade da confraria alargando-a até um número indefinido de pessoas. Dessa forma, para além de ser necessário possuir os requisitos indispensáveis à admissão, a entrada de um membro tinha como causa imediata a morte de outro. Daí que muitos livros de registo de novos membros indiquem o nome do irmão falecido que o novo irmão vinha substituir. Nalgumas Misericórdias havia lugar para a aposentação de irmãos por doença, velhice ou ausência, o que não acontecia em todas, mas em muitas delas o irmão inútil (do ponto de vista do serviço da confraria) conservava-se na lista de irmãos, por deferência ou respeito.

Apenas Lisboa, a principal Misericórdia do reino, e Goa, capital do seu Estado da Índia, estavam autorizadas a possuir o quantitativo máximo de 600 irmãos. A cidade de Macau só deveria ter 300 pelo texto do seu compromisso, mas conseguiu aumentar esse número para 600. Num território onde a presença portuguesa era débil, e se diluía numa esmagadora maioria de chineses, pertencer à Misericórdia local deveria ter significado fazer parte da comunidade portuguesa da cidade, mais do que pertencer a uma elite de principais.

As cidades portuguesas ficavam muito aquém do número de 600 irmãos: o *numerus clausus* mais elevado dizia respeito a Évora, com 300 irmãos, seguida do Porto com 250 e de Braga com 220. Em cidades de menor importância ou nas vilas, o quantitativo prescrito foi sempre igual ou inferior a 200, com as vilas de Óbidos, Torres Vedras e Montemor-o-Velho a registar menos de 150 irmãos.

Nem sempre as Misericórdias conseguiram manter uma igualdade entre o número de irmãos nobres e oficiais: algumas vilas, como Montemor-o-Velho, revelaram uma grande dificuldade em recrutar irmãos de primeira condição. Essa escassez não impedia que uma pequena elite nobre, na qual sobressaíam três famílias, dominasse a Misericórdia (Silva, 1996: 120-127).

Os órgãos de chefia

Mesas e processo eleitoral

O compromisso de 1516 refere 13 oficiais eleitos (ainda não se utiliza a palavra "Mesa", que será de uso generalizado a partir do compromisso seguinte), designando o seu chefe por provedor e os restantes membros do órgão diretivo por *conselheiros*. O texto é bastante claro acerca do estatuto do provedor, "o qual por ser cabeça e principal na dita irmandade sempre se deve escolher pessoa nobre" (cap. 4). Dos restantes 12 elementos, seis seriam oficiais mecânicos e outros seis de "melhor condição". A repartição dos cargos entre estes era a seguinte: um escrivão, nove "conselheiros" e dois mordomos para servirem ao mês. Este órgão diretivo foi objeto de um processo de eleição indireta desde o compromisso de 1516. Neste aspecto, o processo eleitoral indireto das Misericórdias tem alguns paralelismos com o que se verifica nas eleições municipais. As duas instituições elegiam as suas chefias por sufrágio indireto, embora as Câmaras não incluíssem uma distinção entre nobres e mecânicos na constituição dos seus eleitores (Capela, 2000: 19-46).

Existem diferenças substanciais entre os processos de recrutamento dos vereadores para as Câmaras e os das Misericórdias, que, não obstante a sua composição nobre, davam entrada às elites do trabalho artesanal, agrícola ou piscatório, concedendo-lhes postos de chefia, ainda que em situação de subalternidade; por outro lado, ao contrário dos municípios, as Misericórdias podiam registar uma ampla participação de membros do clero nos seus órgãos diretivos. É de notar que o processo eleitoral das Misericórdias, apesar de todas as suas opacidades, fazia ombrear nobres com gente de menor condição. Do mesmo modo, ao contrário das eleições dos vereadores, não contava com a confirmação de pautas pelo rei, nem era presenciado pelo corregedor.[10]

O Definitório

No século XVI, verifica-se ainda a participação generalizada dos irmãos nas decisões da confraria. Chamados a som de campainha tangida, acorriam a votar a entrada de novos membros; em Lagos, em 1590, uma tentativa de obrigar os candidatos a irmãos a apresentarem petições, sobre as quais somente a Mesa deliberaria, ocasionou mal-estar e foi revogada, ainda que pouco depois essa nova regra se instalasse em definitivo (Corrêa, 1998: 372). Durante mais algum tempo, os irmãos continuaram a ser chamados em bloco para decidir a entrada de novos candidatos a membros.

No século XVII os vestígios de decisões coletivamente abrangentes desaparecem: por todo o lugar se assiste à criação do Definitório, uma junta de irmãos antigos em idade e irmandade, que passava a ser consultada nas decisões que saíam fora do expediente normal. Uma burocratização evidente, que deverá ter cavado um fosso cada vez mais profundo entre irmãos ativos e influentes na vida da confraria, e os outros, a quem o afastamento das decisões desinteressava da vida confraternal. Em Lagos, foi o Definitório que pôs termo ao hábito de fazer tomar algumas deliberações pela globalidade do coletivo. Antes desta data, a vontade de fazer participar o maior número de irmãos nessas assembleias era tal que a documentação refere que os mesários chegavam a

---

[10] Sobre o processo eleitoral nas Câmaras, ver Coelho e Magalhães (1986), Magalhães (1993: 323-325), e Fonseca (1994: 46-52).

chamar ou mandar chamar alguns confrades a suas próprias casas, quando não estavam satisfeitos com o número de pessoas presentes na reunião (Corrêa, 1998: 373).

O último quartel do século XVI parece consolidar nas Misericórdias vários aspectos que as caraterizarão ao longo da centúria seguinte: uma burocratização crescente que acompanha um pragmatismo religioso, do qual passam a estar ausentes as marcas de espiritualidade caraterísticas do início do século anterior; uma consolidação das oligarquias locais que as fecha a influências externas e reforça seu caráter elitista. Desta forma, de irmandades de tendência abrangente, as Misericórdias transformaram-se em círculos fechados de sociabilidade, que se abriam apenas aos elementos do exterior capazes de contribuir para a sua hegemonia. Esta elitização é de resto visível na protocolarização dos rituais das Misericórdias, patente na regulamentação de que são alvo nos compromissos.

O Definitório ou Junta encontra-se claramente definido no compromisso de 1618 (caps. 13 e 14); mantinha a mesma composição binária da Mesa, com número idêntico de irmãos nobres e mecânicos, e era obrigatório convocá-lo para deliberar sobre assuntos de primeira importância para a confraria. Mantinha também o controle efetivo das práticas que asseguravam a reprodução institucional da confraria: decidir quem entrava e saía da irmandade, quem era readmitido, quem era sepultado nas suas igrejas e de que forma; zelar pela manutenção do patrimônio; assegurar a continuidade das regras já estabelecidas e inclusivamente usar discricionariamente algumas normas.

A pertença ao Definitório obedecia ao princípio da idade e experiência: eram os irmãos mais velhos, muitas vezes ex-mesários, os que se qualificavam para o lugar, independentemente de a sua escolha se processar por eleição ou por inerência de funções. Em todo o caso, ser Definidor representava poder de influenciar decisões sem ter de desempenhar as desgastantes tarefas executadas pelos diferentes cargos distribuídos no interior das Mesas.

Ordem e desordem: visão geral da conflitualidade externa e interna

Não será novidade para qualquer historiador o elevado grau de conflitualidade interinstitucional e interpessoal que assolava as sociedades de Antigo Regime, e a forma por vezes violenta com que os conflitos ganhavam expressão pública. Atos como atacar um cortejo processional, despejar um defunto do seu esquife, despir o balandrau da confraria em público, abandonar em bloco a celebração de uma missa ou agredir fisicamente um notável local não eram certamente banais e aconteciam raramente, mas são improváveis nos dias de hoje. Graças aos trabalhos de Norbert Elias e dos seus seguidores, sabemos que a violência dos conflitos era uma marca distintiva de sociedades onde ainda não se tinha registado a sua interiorização individual através daquilo que este autor designou por *processo civilizacional* (Elias, 1989). As sociedades de Antigo Regime não eram nem mais nem menos propensas a conflitos do que as de hoje: possuíam apenas modos muito diferentes de os exprimir.

Eram raros os conflitos que se desenrolavam apenas ao nível burocrático: geralmente havia incidentes, seguidos de hostilidades e contra-hostilidades que acabavam por ter um desenlace, esse sim administrativo. O conflito podia ser tutelado pelas instituições régias quando a Misericórdia não os conseguia resolver internamente. A arbitragem de conflitos insere-se no próprio processo de construção do poder central, uma vez que é conferida à monarquia e aos seus agentes legitimidade para usufruir da última palavra em assuntos litigiosos. Parece ser este portanto um dos resultados do processo de negociação entre o rei e as comunidades locais. Estas últimas se beneficiavam da autonomia local, com liberdade para gerir os recursos e as práticas de caridade através das Misericórdias, espécie de contraponto compassivo das Câmaras, ocupadas com processos bem mais dispendiosos do ponto de vista social, como a cobrança de impostos ou a regulamentação das atividades econômicas. O rei constituía uma figura de proteção distante, que cobrava impostos e reclamava homens para a guerra; no entanto, sancionava a quase completa liberdade de atuação das elites nas instituições locais. Mas as Misericórdias recorriam a ele quando tinham dúvidas sobre aspectos processuais ou quando não conseguiam resolver conflitos internos. Caso essas dúvidas não ficassem resolvidas numa carta régia, entravam em ação os corregedores das comarcas, que no entanto necessitavam de instruções específicas para proceder a vistorias. A simples verificação regular de contas estava sujeita a algumas precauções: uma carta régia de 1614 ordenava aos provedores das comarcas que se informassem em segredo sobre as contas dos hospitais das Misericórdias, uma vez que os oficiais que neles serviam deviam ser favorecidos por exercitarem as obras de caridade. Nas monografias até agora publicadas sobre as Misericórdias, as referências às vistorias régias são quase inexistentes, pelo que muitas destas confrarias passaram décadas da sua existência usufruindo de grande autonomia.

Embora Charles Boxer (1965) tenha insistido na complementaridade entre Câmaras e Misericórdias, estas duas instituições raramente partilharam o poder local de modo simples e linear. Embora houvesse sobreposição entre gente da governança municipal e chefias das Misericórdias, os indivíduos não precisavam exercer cargos simultaneamente nas duas instituições, uma vez que os privilégios inerentes ao exercício dos cargos das Câmaras e das Misericórdias eram praticamente idênticos, bastando alternar entre uns e outros.

Tanto as Câmaras como as Misericórdias eram permeáveis à autoridade de membros de outras instituições locais que por vezes se lhes sobrepunham em importância. Nas terras de senhorio episcopal, como Braga, nenhuma destas instituições escapava à tutela do cabido eclesiástico; nas de senhorio ducal, como Vila Viçosa, a vontade dos duques fazia lei na Misericórdia. Noutras, era a presença de uma ordem religiosa a impor-se, como os Bernardos em Alcobaça; noutras ainda, era a sede uma ordem militar a dominar as suas chefias. Quando a instituição dominante possuía um poder incontestado, essa tutela dava origem a alguma estabilidade: a vida no interior das Misericórdias era tanto mais tranquila quanto mais vizinha lhe estivesse.

Nas colônias, no entanto, a proximidade entre Câmaras e Misericórdias parece ter sido maior, uma vez que se encontravam ausentes muitas das instituições que por direitos ancestrais estariam em estado de as tutelar: não havia senhorios eclesiásticos, abadias cistercienses ou sedes de ordens militares a interferir na vida interna das Misericórdias. Existia evidentemente uma competição pela hegemonia local entre as diversas instituições, de que o exemplo mais marcante será talvez o de Goa, em que a Companhia de Jesus tenta fazer sombra à Misericórdia. No entanto, fazia-o pela conquista de novas posições na sociedade local, e não enquanto fonte de poder pré-instalada no território.

As Misericórdias tiveram conflitos com todas as instituições ao nível local. As possibilidades de atrito eram quase inesgotáveis, uma vez que cada conflito convocava uma cadeia de pequenos e grandes incidentes, pessoais e coletivos, que lhe conferiam um caráter único. Os motivos de dissenssão prendiam-se à aquisição de capital econômico, simbólico ou social. Podemos enumerar alguns deles: no que toca às instituições eclesiásticas, podiam ocorrer fricções com os párocos a propósito da encomendação das almas dos defuntos ou da celebração de missas; com as confrarias e ordens terceiras, por causa do acompanhamento de enterros, ou do uso de vestes próprias; com os bispos, a propósito das áreas de peditório de esmola, dos direitos de visita dos hospitais ou da celebração de missas por alma.

No que respeita às instituições leigas, as Misericórdias litigaram entre si a propósito de pagamentos de despesas com presos, recebimento de heranças ou definição de áreas de peditório. Com as Câmaras, em contrapartida, existia uma relação próxima de colaboração mútua, materializada na presença simultânea na Câmara de muitos dos irmãos, e na partilha de alguns serviços, como os do médico, muitas vezes ao serviço das duas instituições. No entanto, essa colaboração não impediu a ocorrência de litígios, a propósito da posse de rendas ou de precedência protocolar em cerimônias solenes. Os expostos constituíram também uma fonte permanente de atritos, quer porque as Câmaras se atrasavam nos pagamentos, quer porque se escusavam de assumir as suas responsabilidades. Havia ainda questões com as instâncias judiciais, nem sempre dispostas a conformar-se com a precedência dos presos assistidos pela Misericórdia nas audiências dos tribunais, nem com a prioridade dos seus degredos, ou com as isenções do pagamento de custas de tribunal.

Na prática, estava sempre em jogo a capacidade de a Misericórdia fazer exercer os seus direitos, passando-os dos inúmeros alvarás e certidões régias onde se encontravam registados para o terreno das realidades efetivas. Raras vezes as Misericórdias lutaram por direitos que não estivessem registados numa chancelaria. No entanto, esses direitos eram desafiados, por ignorância ou má-fé em alguns casos, mas também muitas vezes porque a concessão desorganizada de privilégios dava azo a sobreposições e equívocos. Noutras ocasiões existiam também hostilidades em curso entre a Misericórdia, uma já velha instituição local, e as novas instituições em fase de ascensão, que se sentiam lesadas com as prerrogativas de que a primeira usufruía, e pretendiam apropriar-se de pedaços do seu território institucional. Nos finais do século XVIII foram frequentes os litígios com Ordens Terceiras ou outras confrarias que pretendiam quebrar o monopólio da posse de tumbas de que as Misericórdias estavam na posse legal desde 1593. Muitas destas lutas entre as instituições parecem ter tido origem em mal-entendidos intencionais, que permitiam ganhar tempo e desgastar o adversário. Quando as instituições locais punham em causa privilégios das Misericórdias há muito concedidos, é difícil alegar desconhecimento.

Os conflitos entre irmãos inseriam-se normalmente em duas situações: individuais, quando significavam a recusa de um irmão a seguir as regras confraternais; coletivos, quando exprimiam animosidade entre facções. Os primeiros são conhecidos através dos "riscos", isto é, das expulsões da confraria, mas, como é natural, o ato de excluir um irmão constituía o seu desenlace. Muitos deles terão dado lugar a simples atritos ou admoestações do provedor que não deixaram rasto nas fontes. Quanto aos conflitos entre fações internas, os momentos em que os conhecemos são os que implicam desordens eleitorais, tendo algumas delas subido à arbitragem régia. Algumas Misericórdias chegaram a ser intervencionadas por ordem do rei, e isto muito antes da intromissão quase sistemática nas chefias destas confrarias a partir de Pombal.

A primeira razão para o risco de irmãos consistiu no absentismo de muitos deles, em especial no que respeita à obrigação de acompanhar o enterro dos seus confrades. As fontes revelam que, para muitas Mesas, foi muito difícil fazer com que os irmãos cumprissem esta prescrição estatutária. Grande parte acabou por dividir os irmãos em turnos, com a obrigação de acompanhar e transportar as tumbas num período determinado, estabelecendo multas para os que faltassem sem justa causa.

Nem sempre os riscos de irmãos tinham como causa desavenças entre eles, podendo ser motivados também por falta de decoro no tratamento dos pobres assistidos. Enquanto confrarias que faziam do seu capital simbólico a fonte do seu bem-estar econômico, as quebras de imagem significavam perda de confiança por parte dos doadores, e aumentavam o risco de diminuição das doações. Tema de resto recorrente nos compromissos, sobretudo nos dois últimos, o que revela a autoconsciência da confraria em face das suas próprias contingências, e também sentimentos de pertença próprios de sistemas corporativos, em que o indivíduo, mesmo que constitua exceção no conjunto do coletivo, é identificado com a imagem que o grupo pretende transmitir de si próprio.

Não podemos ignorar também o peso dos capelães na conflitualidade interna destas confrarias. Caso pertencessem à irmandade eram membros especiais, uma vez que recebiam salário, mas estavam sujeitos a despedimento individual ou coletivo sempre que o provedor e a Mesa o entendessem. Quando exerciam funções de capelão-mor da igreja da Misericórdia ou da de um seu hospital ou recolhimento, estes homens recebiam um ordenado mensal fixo. Caso ultrapassassem o seu valor pelo número de missas celebrado, recebiam à peça, tal como os restantes capelães, de acordo com tabelas de preços. Existia portanto uma complexa contabilidade de missas, dividida pelas diferentes escriturações de cada capela e distribuída por um número de capelães que era tanto mais elevado quanto mais rica fosse a Misericórdia em questão. Para além das missas rezadas pelas almas dos defuntos, estes homens tinham ainda um sem número de afazeres: assistência espiritual a todos os pobres e doentes da Casa; celebração de missas aos Domingos e dias santos nas enfermarias e nas capelas das cadeias; compra de cera, incenso e feitura das hóstias; manutenção do equipamento litúrgico; alguns deles cantavam nas missas e acompanhavam as procissões e enterros, as "funções" da Casa. A convivência diária destes homens aumentava as possibilidades de conflito interpessoal. A componente salarial constituiu um motivo de atrito coletivo, uma vez que, quando as missas se acumularam aos milhares nas Misericórdias e estas deixaram de as poder pagar pela degradação dos patrimônios que as financiavam, os capelães se uniam entre eles, entrando em luta pela atualização dos vencimentos ou pelo recebimento de missas em atraso.

Em todo o quadro conflitual das Misericórdias, há que assinalar uma ausência importante: a dos pobres. Num contexto em que o acesso aos recursos da caridade estava dependente da benevolência dos irmãos, que estabeleciam critérios de seleção diferenciados segundo o tipo de ajuda pretendida, os receptores de caridade não tinham possibilidade de abrir confrontos. Podiam jogar com as circunstâncias e aproveitar oportunidades, mas o modo de relacionamento com as autoridades da confraria passava por uma atitude subserviente que excluía o conflito aberto, ou a constituição de grupos coletivos de interesse.

Capítulo 4

Ritual e produções de significado nas Misericórdias: uma abordagem textual

Este capítulo pretende esboçar uma análise dos diferentes rituais que as Misericórdias encenavam autônoma ou conjuntamente com outras instituições. Trata-se de um conjunto complexo de cerimônias que se encontram codificadas nos compromissos e em outros documentos de caráter normativo. Por conveniência da análise, e no que toca à Misericórdia de Lisboa, limitarei a abordagem aos compromissos de 1516, 1577 e 1618, uma vez que, ao contrário das primeiras versões quinhentistas conhecidas, estes textos tiveram uma ampla difusão. Ainda, mais raramente, encontramos descrições presenciais de rituais, suscetíveis de serem confrontadas com os documentos normativos.

Clifford Geertz mudou o estudo do ritual no que respeita a um aspecto fundamental: este não se limita a "representar" a realidade, é um agente da sua construção, na medida em que "o real é tão imaginado como o imaginário" (1991: 170). Os rituais das Misericórdias inseriam-se nesta lógica; não se pretendia apenas conferir visibilidade à instituição, mas também fixar imagens que entrariam na consciência coletiva como correspondendo à "realidade". É nesta perspetiva, entendendo os rituais como produtores de significado e como veículos de construção da identidade das comunidades, que estes serão considerados neste capítulo.

A análise dos rituais coloca problemas de que os seus estudiosos estão bem conscientes. Nada substitui a observação presencial de um ritual; além do mais, este faz apelo à participação e não à análise. Isto torna evidentes os limites de se estudar o ritual a partir de textos, cujo caráter normativo os torna mais ficcionais do que efetivos. Não podemos verificar se na prática a sua encenação correspondia àquela que estava descrita nos compromissos; os textos referem-se a uma realidade cheia de subentendidos que correspondem a hábitos bem conhecidos dos irmãos. Nalgumas questões de detalhe, por vezes bastante importantes, nem sempre é fácil saber a que se referiam, e torna-se quase impossível interpretar as suas omissões. Por outro lado, as descrições de testemunhas presenciais são, para além de raras, pouco detalhadas. No entanto, não basta ter consciência das debilidades da análise para a pôr de lado. Estes textos constituem a única forma de abordar estes rituais, *são o que há*.

Os rituais das Misericórdias serão divididos em dois grandes grupos: em primeiro lugar abordarei aqueles que se realizavam ciclicamente, ou seja, seguiam uma calendarização anual decalcada do ano litúrgico. Em seguida, focarei os rituais não cíclicos, no interior dos quais assumem importância de relevo os rituais de passagem (enterros, casamentos etc.).

As Misericórdias eram uma entre várias instituições locais que protagonizavam eventos rituais calendarizados. Integravam um programa mais vasto de rituais, em que todas as instituições locais se empenhavam, umas vezes enquanto atores secundários e outras enquanto protagonistas. Em outras datas do calendário litúrgico, por exemplo, era a vez da Misericórdia ceder protagonismo a outras instituições, como na procissão do Corpo de Deus, cuja organização competia às Câmaras. Da mesma forma, na Semana Santa, várias instituições religiosas alternavam no primeiro plano das celebrações; ocorria uma partilha dos tempos e espaços rituais de forma que as instituições pudessem desempenhar um papel consentâneo com o lugar que ocupavam na comunidade.

Um ano de rituais nas Misericórdias

Analisaremos nesta seção os rituais das Misericórdias referidos nos compromissos, embora a consulta de séries documentais tenha evidenciado a celebração de outras datas do calendário litúrgico, como o Natal, a Assunção de Nossa Senhora (15 de agosto) ou o dia dos Santos Inocentes (28 de dezembro). No entanto, apesar de assinalados com missa cantada e sermão, estes eventos tiveram menos ressonância do que qualquer um dos ciclos rituais que referiremos em seguida. Devemos referir também que a Misericórdia de Lisboa, conforme o compromisso de 1618, celebrava ainda o 17 de novembro e o 13 de dezembro em honra das almas dos seus dois principais benfeitores, por ocasião do aniversário das mortes de D. Leonor e D. Manuel (cap. 7).

O ano das Misericórdias começava a 2 de julho, o dia em que se celebrava a Visitação, episódio bíblico em que a Virgem, já depois da Anunciação, visitava a sua prima Isabel. A visita constituía um ato de caridade, já que Isabel, avançada em anos, estava grávida de João Batista (Lucas 1, 39-56). Era o dia da confraria, assinalado com missa cantada, e também a data da renovação das chefias, caraterizada por um complexo processo ritual que se prolongava pelo dia seguinte. Marcava igualmente o início de um novo ano administrativo, em que se encerravam as contas do ano anterior e por vezes se apresentava o balanço das atividades assistenciais que nele tinham ocorrido; por essa razão, os registos anuais de contas têm início em julho e acabam em finais de junho do ano seguinte.

A atentarmos no compromisso de 1516, a eleição dos irmãos que serviriam entre os 13 daquela que viria a ser depois designada por "Mesa" (principal órgão deliberativo da confraria) constituía um processo bem mais simples do que se iria tornar no compromisso seguinte. Apenas se menciona que as eleições deveriam decorrer na capela onde estivesse a confraria (a Misericórdia de Lisboa teve como sede nos primeiros anos uma capela do claustro da Sé); refere-se também o juramento dos eleitos, mas não se menciona o juramento dos eleitores. Estamos já perante eleições indiretas, em que a massa de irmãos escolhia apenas aqueles que votariam os 13 da Mesa. A tônica era colocada na recompensa divina do exercício dos cargos, "prêmio e galardão de Deus todo poderoso a quem servem" (cap. 4).

Poucas décadas depois, o processo eleitoral, para ser corretamente executado, requeria seguir *pari passu* as instruções do compromisso de 1577, cuja leitura nos capítulos respeitantes a esta matéria fazia parte dos procedimentos eleitorais. O processo transformou-se então numa complexa sequência de rituais, onde se verifica uma constante intromissão do sagrado (caps. 5-10). Os sítios em que decorria a eleição alternavam. O ato de votar desenrolava-se no interior da igreja; no dia seguinte, o apuramento das pautas com os nomes dos eleitores fazia-se na Casa do Despacho (equivalente à sala de reuniões). Em seguida os irmãos voltavam à igreja para assistir a uma missa, regressando novamente à Casa do Despacho para escolher os mesários. Compreende-se que a escolha dos eleitores se desenrolasse no interior da igreja na medida em que a confraria possuía 600 irmãos, mas nada explica que as contagens de votos fossem efetuadas longe da sua vista na Casa de Despacho. Os momentos de sacralização antecediam as escolhas eleitorais: uma vez que só a consciência de cada um o podia livrar de "paixões e interesses", tornava-se necessário convocar a autoridade divina. Em contrapartida, ignoravam-se as manipulações a que as listas podiam ser sujeitas pelos mesários cessantes, e o compromisso abria a possibilidade de as fraudes nunca poderem ser provadas, uma vez que as pautas deviam ser queimadas por obrigação estatutária. Como resultado deste tipo de procedimentos, as desconfianças, fundadas ou não, sobre a transparência dos processos eleitorais foram uma constante ao longo da história das Misericórdias.

A ritualização procurava compensar procedimentos cuja legitimidade era frágil, uma vez que apenas a boa fé dos irmãos podia evitar abusos. Cada um estava sujeito a pressões óbvias: para começar, os votos para os eleitores eram tomados oralmente, o que identificava as escolhas de cada um. Há indícios também de que era nesta fase do processo que o resultado das eleições se decidia, sendo muitas eleições preparadas através da constituição dos chamados "ranchos" (grupos de pessoas que antes da eleição concordavam entre si em quem votariam).

O compromisso de 1618 (cap. 4), no entanto, procurou corrigir alguns pontos débeis do processo eleitoral do compromisso anterior: os três irmãos encarregados de tomar os votos (escrivão e tesoureiro do ano anterior e um dos capelães da Casa) eram agora também obrigados a jurar sobre os Evangelhos. Em vez de nomear 10 eleitores, cada irmão nomeava agora 20 irmãos, 10 nobres e 10 oficiais. Na mesa ou mesas de voto (podiam ser feitas várias) haveria uma lista dos que não podiam ser eleitores: os eleitores dos dois anos anteriores, o provedor e os irmãos da Mesa, e os que estivessem nas mesas de voto. Depois da contagem do dia seguinte, ficavam eleitos os 20 eleitores; no entanto, só dez votariam a nova Mesa e o provedor. Separavam-se os eleitores nobres e oficiais colocando-se-os em duas bolsas distintas, e o provedor tirava cinco de cada. O resto do escrutínio decorria sem alterações relativamente ao estipulado no compromisso anterior, mas recomendava-se que os eleitores de condição nobre acatassem as escolhas dos eleitores oficiais e vice-versa.

As únicas refeições anuais da irmandade parecem ter sido os jantares do dia da eleição, onde novos e velhos mesários passariam o testemunho. No entanto, nem sempre era a Misericórdia a pagar o jantar: em Goa era o novo provedor a correr com os gastos do seu bolso. Por esse motivo, os jantares da eleição foram proibidos, uma vez que as despesas de representação inerentes à provedoria constituíam um pretexto para recusar o cargo (Sá, 1997a: 176-177).

O compromisso de 1618 menciona pela primeira vez as "visitas gerais", que deviam ocorrer depois do Natal e ter a participação dos mesários e do provedor, que na prática constituíam vistorias a todas as instituições e pessoas que a Casa assistia: as instalações da confraria; as donzelas recolhidas; as capelas dos hospitais de S. Ana e Nossa Senhora do Amparo; as capelas administradas pela irmandade; os presos do Limoeiro; as casas das pessoas visitadas e das que tinham solicitado visitas (cap. 7). Constituíam também afirmações de soberania em face dos restantes poderes: os visitadores episcopais não podiam por lei fazê-las e não há memória de que os funcionários régios as tenham feito. Eram momentos privilegiados em que provedor, mesários e pobres mantinham algum contato presencial.

Embora o compromisso de Lisboa de 1618 regulamentasse as visitas para a época a seguir ao Natal (cap. 7), existem indícios de que as "visitas gerais" se efetuaram em outras ocasiões do ano, desdobrando ou triplicando a sua ocorrência. Podiam constituir um gasto considerável, porquanto nalgumas Misericórdias era o provedor a desembolsar o dinheiro das esmolas. Trata-se portanto de uma despesa de representação, entre tantas outras marcas de liberalidade próprias da nobreza. Nalguns casos, este uso fez perigar a aceitação do cargo por parte de indivíduos elegíveis, que se escusavam alegando não poderem suportar a despesa que esta "visita geral" acarretava. Por ocasião das visitas gerais podia ter lugar um sermão, sempre glosando a temática da Visitação de Nossa Senhora, exortando os ouvintes a praticar a caridade.

Cerca de um mês depois da eleição da Mesa, a 10 de agosto, no dia de S. Lourenço, tinha lugar a escolha da Junta ou Definitório. Tratava-se de um órgão que tinha por função ajudar a Mesa a deliberar sobre assuntos de importância, codificados no compromisso. Foi criado entre o compromisso de 1577, do qual se encontra ausente, e o compromisso de 1618, que o regulamenta. Era composto por 10 irmãos nobres e outros tantos oficiais, eleitos na igreja por toda a irmandade. Ao contrário da eleição dos mesários, esta eleição parece ter sido direta, com a presença de toda a irmandade (cap. 14). Em muitas Misericórdias os definidores eram irmãos de muita idade e experiência confraternal, transitando das Mesas de anos anteriores. É de notar também que, mesmo nos lugares onde se mantinha a eleição, o número de definidores era geralmente inferior ao de Lisboa; tudo aponta portanto para o fraco impacto cerimonial desta ocasião, praticamente desprovida de ritualização.

Os dias 1 e 2 de novembro (Todos-os-Santos e Fiéis Defuntos) constituíam ocasião para praticar a caridade para com os condenados de justiça. Como veremos adiante neste capítulo, quando falarmos do acompanhamento de padecentes, a caridade para com os condenados à morte constituía uma obrigação das Misericórdias desde a sua formação. O compromisso de 1516 estabelecia que todos os *oficiais, irmãos e confrades* fossem em procissão à forca da cidade recolher as ossadas dos condenados, juntamente com o maior número de clérigos e ordens religiosas. Uma vez no campo da forca, trariam os restos mortais de alguns deles para o cemitério da confraria, enquanto que os de outros permaneceriam no local, mas seriam enterrados junto ao altar da forca (cap. 18). Esta distinção prendia-se a diferenciações relativas às penas aplicadas a diferentes delitos. Havia uma diferença entre ser condenado à morte natural, com direito a seguir a tramitação para o Purgatório, e a morte "para todo o sempre", que implicava danação eterna (Oliveira, M., 2000: 202-205). Quando os restos mortais chegavam à capela da confraria no claustro da Sé, eram ditas vésperas de finados pelas almas dos defuntos, e no dia seguinte tinha lugar uma missa.

O mesmo ato de recolha de restos mortais se fazia relativamente aos esquartejados cujos quartos fossem postos às portas da cidade, e aos membros amputados deixados em exibição no pelourinho, bem como aos restos dos queimados por justiça. Nos primeiros dois casos, competia aos oficiais recolherem-nos com devoção e trazerem-nos a enterrar no cemitério da confraria. Uma distinção se fazia no entanto relativamente aos restos dos queimados: um homem era pago para os recolher, trazer num lençol, e lançar (sic) em lugar sagrado (cap. 18). Um procedimento hierarquizado, portanto, mas cujas distinções diziam respeito mais aos receptores de caridade, objeto de estigmas de danação diferenciados, do que aos irmãos, que participavam indistintamente no cortejo, pelo menos a acreditar na descrição do compromisso.

O compromisso de 1577 (cap. 17) trazia poucas alterações a estes procedimentos: apenas é dito claramente que a procissão se fazia depois de acabadas as vésperas (e portanto de noite), no dia de Todos-os-Santos, e que quando os restos mortais dos condenados chegavam à Misericórdia eram colocados no meio da sua igreja, ao que se seguia um sermão, findo o qual as ossadas eram enterradas. Tudo aponta para que este conjunto de rituais se circunscrevesse a um único dia e não a dois como no compromisso anterior.

O compromisso de 1618 (cap. 37) era mais explícito, descrevendo com pormenor o protocolo do cortejo e suas marcações. As ossadas eram recolhidas em duas tumbas e trazidas à Misericórdia, sendo colocadas no meio da igreja; o provedor, os mesários e os irmãos sentavam-se nos seus "lugares costumados" para ouvir a pregação. Depois desta as tumbas ficavam na igreja durante a noite, sendo os restos mortais dos justiçados enterrados no dia seguinte, agora reunidos numa só tumba. Não sabemos a razão que levava os irmãos a usar duas tumbas, mas parece provável que a anterior distinção entre condenados de morte natural e para sempre se mantivesse. O principal objetivo continuava a ser o de demonstar que a comunidade estava disposta a seguir o preceito de que a Misericórdia de Deus abrangia todos os cristãos. Tratava-se portanto de um ritual que assinalava a reintegração dos condenados de justiça na comunidade dos mortos que os vivos tinham obrigação de celebrar. A recolha de ossadas de defuntos ou restos de mutilações vinha portanto na sequência de uma exclusão e significava o desejo de inclusão, ainda que a título póstumo, daqueles que a justiça dos homens tinha condenado. Completava-se assim um ciclo ritual, se seguirmos as propostas de Van Gennep para a análise dos rituais de passagem. A este autor se deve a decomposição dos rituais de passagem em três momentos ou fases rituais diferentes: ritos de separação ou preliminares, ritos de margem ou liminares e de agregação ou pós-liminares. O momento de execução corresponderia à primeira fase, o tempo em que os restos mortais dos condenados permaneciam no local do suplício, à segunda, e finalmente a procissão dos ossos agregava-os à comunidade dos mortos (Van Gennep, 1978: 31).

O dia de S. Martinho, a 11 de novembro, constituía uma ocasião para comemorar o conjunto da comunidade confraternal, relembrando os seus membros já falecidos. É significativo que a celebração dos defuntos da própria irmandade fosse feita separadamente, ainda que a poucos dias de distância, do ciclo dos Fiéis Defuntos. Embora o compromisso de 1516 ainda não lhe faça referência, no de 1577 é já um dos quatro dias de presença obrigatória dos confrades, no qual se fazia "missa, pregação e saimento" pelos irmãos falecidos (cap. 3).

As Misericórdias deviam o essencial dos seus rendimentos aos bens deixados pelos defuntos, muitos deles irmãos da confraria. Através da sua evocação coletiva, estas confrarias efetuavam um ritual de autocelebração, que relembrava aos vivos a sua condição de mortais e de confrades, reunindo-se em torno da coletividade global, alargada a vivos e defuntos. Assume particular significado a escolha de S. Martinho de Tours para tutelar esta data: trata-se precisamente do santo cuja lenda mais conhecida diz respeito a um ato de caridade. É célebre o episódio em que Martinho (c. 316-397) dividiu o seu manto com um pobre que se lhe apresentou quase nu; conta ainda a lenda que Cristo posteriormente lhe apareceu em sonhos envergando o dito manto.

A Semana Santa, como se sabe, constituía o ciclo de rituais mais complexo da liturgia católica. Nele, a Quinta-Feira Maior era o dia de maior protagonismo das Misericórdias, em que lhes cabia organizar a procissão das Endoenças. Desenrolava-se geralmente do entardecer para a noite, e podia fazer parte de um conjunto de três rituais que se realizavam por esta ordem: um jantar (almoço) de presos, seguido pela cerimônia do Lava-Pés, e finalmente a procissão, que tinha início entre as quatro e cinco da tarde. Este conjunto de rituais seguia de perto as narrativas evangélicas das últimas horas da vida de Cristo. O jantar de pobres pretendia assemelhar-se à Ultima Ceia: estes, em número de 12 (13 apóstolos menos Judas), eram contemplados com um jantar, em que se sentavam à mesa com os corpos diretivos da confraria.

O Lava-Pés era realizado na igreja da Misericórdia imediatamente antes da saída da procissão das Endoenças, e também ele se inspirava na Bíblia, repetindo o episódio em que Cristo lavara e enxugara os pés dos discípulos durante a Última Ceia. Este episódio, narrado exclusivamente no Evangelho segundo S. João, foi introduzido na Liturgia Romana, onde se manteve como exemplo de humildade, porque "o servo não é maior do que o seu senhor" (João 13, 16), sendo celebrado na missa da Quinta-Feira Santa (Dias, 1993: 569-583).

Estes dois rituais eram marcados pela inversão de hierarquias sociais, que obliteravam num momento de liminaridade, ainda usando a terminologia de Van Gennep. Especialmente no segundo, a cerimônia do Lava-Pés, tudo era estipulado ao pormenor, com uma marcação precisa dos gestos e dos movimentos dos seus intervenientes. Do ponto de vista simbólico, era evidente a legitimação do poder através da afirmação da lógica de comunhão entre um universo binário, dividido em ricos e pobres, onde os primeiros estariam dispostos a servir os segundos, sobretudo através do desempenho de tarefas ingratas, em que o rico se "fazia pobre". De resto, atuavam de acordo com preceitos evangélicos relembrados nos próprios textos compromissais, que sublinhavam a igualdade dos pecadores perante Deus. Quando estes rituais acabavam, os seus protagonistas eram reintegrados no seu mundo, de onde tinham saído por breves instantes.

A procissão das Endoenças era por definição uma procissão de penitentes, na qual se visitavam os lugares onde o Senhor estava exposto; o compromisso de 1618 reserva-lhe um extenso capítulo 34. A procissão tinha início às quatro da tarde, e a sua ordem era idêntica à das restantes: bandeira a abrir, corpo da procissão (variável segundo a especificidade do momento litúrgico), crucifixo na cauda. Neste caso, revestiam particular importância as insígnias da Paixão de Cristo e as do Cristo Morto, objetos cuja centralidade era assinalada através de uma cercadura de tochas e varas. Nenhum irmão podia levar consigo pajens ou criados que ficassem *dentro* da procissão, sob pena de invalidar a vertente sacrificial do ritual.

Nalguns casos, embora a ortodoxia pós-tridentina os tivesse desencorajado, encontramos ainda distribuições gratuitas de comida aos pobres, do tipo dos bodos. É o caso dos Açores, onde as Misericórdias se ligaram de forma estreita a este tipo de festa. Embora o típico bodo aos pobres tivesse lugar no Pentecostes e se caraterizasse pelo sacrifício de um touro distribuído pelos participantes, também se faziam distribuições de outro tipo de alimentos e em outras ocasiões do ano. Estamos longe das refeições circunscritas a confrades ou pobres escolhidos, uma vez que os bodos se destinavam aos que aparecessem no local, sem qualquer discriminação.

Os rituais não cíclicos

Rituais havia que não se inseriam no calendário litúrgico católico: estão neste caso a oferta pública de esmolas, e os casamentos de órfãs. A distribuição pública de esmolas ocorria geralmente num espaço próprio, o dos complexos arquitetônicos das Misericórdias. Alguns deles proporcionavam à direção da confraria uma varanda no cimo de uma escadaria. No pátio inferior, juntavam-se os pobres aguardando a graça de uma esmola feita no momento ou esperando que lhes fosse dado conhecimento sobre as deliberações respeitantes às petições que tinham escrito a pedir auxílio. Ao contrário das visitas gerais, essas distribuições eram feitas regularmente, por ocasião das reuniões da Mesa, geralmente às quartas e domingos.

As Misericórdias, com o tempo, acumularam um número significativo de dotes de casamento, que atribuíam anualmente mediante concurso público. Quando as cerimônias matrimoniais tinham lugar, os noivos deviam ser recebidos à porta da igreja da Misericórdia, tornando visível a dívida das dotadas para com a Santa Casa, e honrando a memória dos instituidores. A gratidão das noivas era dupla: a estes últimos deviam o patrimônio destinado a financiar os seus casamentos, e à Misericórdia a sua gestão enquanto depositária das suas vontades.

O processo de atribuição de dotes não estava isento de rituais. As candidatas deviam colocar as suas petições numa caixa, e os irmãos, através de um exigente processo de escrutínio, selecionavam as petições que iriam ser objeto de sorteio. Este podia ser ritualizado: as petições eram metidas num vaso, e depois de feita uma oração ao Espírito Santo, retiradas por "um menino de pouca idade", na presença do provedor e dos mesários.

A prática de fazer casar as dotadas na igreja da Misericórdia parece ter sido corrente, embora obrigasse à colaboração com igrejas paroquiais, uma vez que as igrejas das Misericórdias, salvo algumas exceções em que serviram pontualmente às funções das primeiras, não possuíam pia batismal nem podiam ministrar alguns sacramentos sem licença do prelado, entre os quais se incluía o matrimônio. Muitas vezes, a Misericórdia situava-se na paróquia da Sé, pelo que era necessária ordem do bispo.

Estes rituais comungavam de um objetivo comum: dar visibilidade à obra de caridade praticada, para que a comunidade tivesse consciência da generosidade da instituição e dos seus protagonistas. A existência de um sorteio para apurar as dotadas demonstrava preocupação de isenção, mas noutras Misericórdias os irmãos da Misericórdia eram responsáveis do princípio ao fim pela escolha das dotadas, sendo as selecionadas objeto de votação em Mesa. A concessão de dotes era uma das práticas de caridade mais exigentes em termos financeiros, uma vez que o custo por unidadade do dote era elevado; apenas um conjunto pequeno das raparigas que se candidatavam tinha sucesso na sua obtenção. Por outro lado, há que ressaltar o valor simbólico do casamento de órfãs, porque este possibilitava a estas mulheres adquirir um estatuto social considerado digno, reproduzindo-se segundo os preceitos religiosos vigentes. Por todos esses motivos, a atribuição de dotes devia ser exibida em público, e o papel da instituição reconhecido.

Entre os rituais da coletividade confraternal, assumia particular significado o enterro de irmãos. Por deliberação compromissal obrigava à presença de todos os membros da irmandade, e tal como os outros cortejos, não escapou a uma protocolarização detalhada. Era uma obrigação fundamental das Misericórdias, uma vez que representava um dos benefícios inerentes à pertença à confraria. Por essa razão, procurou-se sempre que os rituais fúnebres respeitantes a irmãos fossem desempenhados com a devida solenidade.

Em 1590, uma certidão emanada pela Misericórdia de Lisboa dá conta do procedimento habitual em matéria de enterro de irmãos. Era a seguinte a sequência processional: bandeira com dois tocheiros, campainha tangida pelo servidor de azul, pobres, confrarias da cidade, meninos órfãos, irmãos, ordens religiosas, cleresias, capelães da casa, provedor e só depois a tumba. Só os capelães da Sé tinham precedência sobre os da Misericórdia, mas apenas quando o defunto era levado à catedral.[11]

No compromisso de 1618 existiam já quatro equipamentos fúnebres. Um esquife para os escravos, uma tumba para os

---

[11] Arquivo Histórico de Macau, Misericórdia, liv. 300, 66v-67.

pobres, outra para os defuntos sem acompanhamento da irmandade (não membros); a quarta, e a mais luxuosa, servia para os irmãos e outras pessoas com direito a cortejo confraternal. Estas últimas eram as viúvas dos irmãos (se não recasassem com homens que não pertencessem à confraria) e os seus filhos, desde que estivessem sob poder paternal e fossem de 18 a 25 anos de idade. Cada uma das tumbas tinha bandeiras diferentes. A complexidade da cerimônia dependia da condição do defunto. Havia dois tipos de ritual: o dos que não tinham acompanhamento confraternal, cujo enterro era realizado por funcionários da Misericórdia (homens de azul e vários transportadores de tocheiros ou da tumba); apenas um irmão oficial, um irmão nobre e um dos capelães da casa integravam o cortejo. O segundo tipo de ritual fúnebre dizia respeito aos irmãos, acompanhados pela irmandade em peso, uma vez que em teoria todos eram obrigados a estar presentes. Ao contrário dos enterros de pobres, os irmãos, tanto nobres como oficiais, pontificavam por transportar tochas, varas e a própria tumba. Também nestes cortejos seguia o provedor, imediatamente à frente da tumba (cap. 35).

Um ritual recebe a atenção preferencial do compromisso de 1516: o acompanhamento de condenados de justiça ao local do suplício, transformado num momento de purgação coletiva (cap. 18). A ordem do cortejo será a mesma de todas as procissões da Misericórdia, embora se apresente aqui uma forma menos complexa relativamente aos compromissos seguintes. A abri-lo, o pendão da confraria ladeado por dois homens com tochas acesas nas mãos, precedido pelo maior número possível de meninos das escolas, que rogariam pelo padecente. Também diante da bandeira ia o pregoeiro da justiça, dando "seu pregão acostumado em maneira que não faça trovaçam aos pregoeiros da Misericórdia". É clara neste ponto a demarcação de território ritual, uma vez que as vozes dos pregoeiros não se deviam confundir.

Em seguida, outro homem levaria o crucifixo com outras duas tochas acesas dos lados. Atrás dele iam os capelães da Misericórdia, e depois "os mais penitentes que quiserem fazer pendença, assi por seus pecados, porque não há hi nenhum que não seja pecador". Juntavam-se todos à porta da cadeia, esperando que o justiçado saísse. Punham-se de joelhos, e começavam a ladainha cantada; no momento em que ouvissem as palavras Santa Maria respondiam *Ora pro eo* e levantavam-se, e começavam a andar continuando a ladainha. Sempre que passavam por uma igreja punham-se novamente de joelhos, e chamavam três vezes a altas vozes "Senhor Deus Misericórdia". Quando se levantavam, o portador do crucifixo dava-o a beijar nos pés ao suplicado, vestido com um saio de linho branco fornecido pela confraria, e ladeado por três figuras encarregadas de lhe prestar assistência. Um vinha com ele desde o interior da cadeia e colocava-se à sua esquerda, levando cordiais e conservas e um recipiente com vinho ou água; outro irmão levava nas mãos uma caldeira de água benta e o hissope para aspergir o padecente; finalmente, à sua direita ia o capelão da Misericórdia consolando-o na fé católica. Embora com distinções de cor (os saios escuros dos irmãos contrastavam com a veste branca do penitente), todos se misturavam na sua condição de pecadores, tomando parte no ritual indiferentemente da sua posição na confraria.

O compromisso de 1618 (cap. 36) enfatizava a preparação para a morte do justiçado. Entre a publicação da sentença e a sua execução, os mordomos das cadeias chamavam um religioso para o confessar e consolar. Este último devia assistir o preso diariamente até o dia da execução. No dia seguinte ao da publicação da sentença o preso comungaria em missa mandada rezar na cadeia, e no terceiro dia os mordomos transmitiam ao mordomo da cadeia ordem para mandar "correr as insígnias" e juntar os que quisessem acompanhar o padecente. Só neste compromisso se declara o que se intui dos anteriores, isto é, que o provedor e irmãos da Mesa não integravam o cortejo.

As Misericórdias acumularam missas aos milhares, quer fossem simples aniversários, quer fossem provenientes de obrigações de capela, exigindo um corpo numeroso de capelães. A confraria tinha autoridade para contratar e despedir capelães sem prestar contas à autoridade eclesiástica, e tudo indica que sempre usufruiu de grande autonomia em matéria de celebração de missas. Segundo o compromisso de 1577 (fls. 25-25v), a Casa não necessitava de licença do bispo para celebrar qualquer um dos seus ofícios divinos. Os capelães eram obrigados a integrar todas as procissões da irmandade, mas não a ir em nenhuma procissão que se fizesse na cidade, com exceção da de Corpus Christi. Por outro lado, desde o compromisso de 1516 (fls. 68-68v) os prelados não interfeririam nas missas que os defuntos instituíam à Misericórdia. Imagina-se difícil entrar numa igreja destas confrarias, pelo menos nas das vilas e cidades principais, sem que estivesse uma missa a ser celebrada.

Embora todas as missas por alma decorressem da necessidade de resgatar as almas do Purgatório, da qual comungavam os rituais processionais do ciclo dos defuntos (Todos os Santos, Fiéis e S. Martinho), as Misericórdias mantiveram outras práticas menos ortodoxas. Provinham dos inícios da

Idade Média, em que se acreditava que as almas dos defuntos erravam inquietas perturbando os vivos; segundo José Mattoso, essas crenças coexistiram durante muito tempo com as inovações doutrinais dos séculos XI e XII sobre o Purgatório (Mattoso, 1995: 238). Em Aveiro, um legado de 1622 impunha que a Misericórdia fizesse a encomendação das almas do fogo do Purgatório todas as quartas e sextas, pelo que a Casa contratou um cego para percorrer as ruas da vila exortando as pessoas a rezar em seu benefício (Barreira, 1998: 153). A Misericórdia da Praia fazia algo de semelhante, se bem que com contornos mais arcaizantes do ponto de vista doutrinal: alguém encomendava as almas danadas que vagueavam sobre as águas do oceano (Sá, 1997a: 139).

Um dos rituais menos conhecidos efetuados pelas Misericórdias (e supõe-se que por outras instituições locais também) eram as processões propiciatórias, por ocasião de catástrofes naturais. No continente, essas calamidades diziam respeito a excesso ou falta de chuva; já nos Açores, eram os terremotos a dar origem a este tipo de cortejos, em que se fazia sair das igrejas a imagem de Cristo. Ainda que pouco documentada, há uma referência a uma procissão de penitentes depois do massacre de cristãos-novos em 1506: "e logo ao outro dia que foi quinta-feira saiu da Sé uma mui devota procissão da misericórdia com muitos disciplinantes todos bradando /paz / paz /paz com que apagou de todo a dita matança" (*in* Correia, 1992: 31).

Conclusões

Será talvez oportuno esquissar algumas sugestões para a análise da evolução ritual no interior das Misericórdias. De rituais "abertos", como parecem ter sido nos primeiros 70 anos da confraria, passaram a momentos muito formalizados, restringindo a participação espontânea do coletivo urbano e limitando-se quase apenas aos irmãos da confraria. Estes não eram objeto de fixação de precedências no compromisso de 1516; nos dois que se lhe seguem, são em contrapartida obrigados a observar um jogo complexo de marcações.

Entre 1498 e 1577 as Misericórdias foram confrarias socialmente heterogêneas: não há referência explícita a nobres ou fidalgos no compromisso de 1516, mas a oficiais e "gente de melhor qualidade". Também não houve, desde os primórdios destas irmandades, um controle oficial por parte das autoridades eclesiásticas. Eram confrarias supraparoquiais (isto é, sem recrutamento e atividades circunscritos a um território paroquial), e é evidente o seu caráter penitencial.

De confraria que apenas excluía os que não tivessem recebido a água do batismo, a Misericórdia de Lisboa passou a exigir um crescente número de condições que a restringiam às elites em presença a nível local. Aumentaram os dias de presença obrigatória dos irmãos que correspondiam a rituais, e regulamentaram-se com cada vez mais detalhe alguns deles. Os rituais que exigiam humilhação ou situações de inversão podiam ser contornados e os seus atores fazer-se substituir: no entanto, não o podiam fazer nas cerimônias de maior visibilidade pública. Encontramos certamente os irmãos a eximirem-se de carregar a tumba nos enterramentos de confrades, fazendo-se substituir por transportadores pagos. No entanto essa substituição não acontecia em atos que, por serem únicos no ano litúrgico, eram presenciados pela comunidade em bloco, como no caso das procissões dos ossos ou das endoenças. Os compromissos são claros relativamente à proibição de integrar criados nos cortejos processionais, e os membros da Mesa e o provedor viam-se assim impossibilitados de delegar o porte de objetos. Estamos perante uma teatralização do ritual, objeto de uma encenação crescente que lhe faz perder o caráter de festa coletiva para o fazer ganhar em autoridade: destina-se cada vez mais a ser visto, e não participado.

O conjunto da comunidade, longe de se envolver nos rituais e participar a ponto de se apropriar simbolicamente da confraria, passa a ser chamado a presenciar espetáculos de forte cariz demonstrativo, destinados a representar e construir a hegemonia dos seus protagonistas. Esta transformação acompanha os sinais crescentes da elitização da confraria, que aumentou progressivamente as suas exigências no que toca à admissão de novos membros, para além de exigir estatuto de fidalguia aos seus provedores e de nobreza aos escrivães e tesoureiros, conforme o compromisso de 1618 (caps. 8-10). Devido à pouca clareza dos textos compromissais e às suas omissões, é difícil afirmar com certeza o que mudou relativamente à encenação dos rituais, mas é seguro que a tendência dos compromissos evoluiu no sentido de os regulamentar com crescente minúcia. O compromisso de 1618 representa o nível mais elevado dessa protocolarização, que os compromissos locais imitaram. Nas Misericórdias onde existiam particularismos rituais, as adaptações locais desse compromisso não deixaram de o referir. Os compromissos locais, de resto, continuaram a descrever os rituais com abundância de pormenores protocolares: ordenação hierárquica dos participantes, o vestuário a envergar e os objetos a transportar. Todos deviam ocupar o seu lugar próprio, sem lugar a improvisações de momento. Doravante, nada era deixado ao acaso: cada um tinha o seu lugar marcado e os seus gestos definidos à partida.

Os rituais das Misericórdias, por serem da responsabilidade de uma instituição devotada ao socorro dos pobres, tinham um papel importante na construção da ideia de comunidade, uma vez que nos encontramos perante sociedades onde a desigualdade social era uma realidade. Quanto às Câmaras, tinham a seu cargo funções inversas: a cobrança de impostos, a constituição das forças militares e as medidas de "saúde pública" (Coelho e Magalhães, 1986; Magalhães, 1994). Em contextos em que a população trabalhadora pagava o grosso das exações fiscais, era importante agregar as populações em torno de denominadores comuns, atenuando as enormes pressões sobre o povo.

Os conflitos encontravam nos rituais um dos seus momentos de expressão privilegiada, e isso explica por que é que em caso de rupturas sociais ou institucionais estes tinham nas cerimônias públicas momentos de eclosão preferencial. Da mesma forma que os rituais serviam para mostrar a todos que estava tudo bem, e de acordo com Deus, eram também os primeiros a sofrer a pressão disruptiva das tensões acumuladas. Mas, enquanto funcionavam, os rituais serviam sobretudo para criar hegemonia (no já velho sentido gramsciano do termo), isto é, para produzir consensos, ou melhor, consentimentos de dominação. O ritual cumpria portanto um importante papel ao nível da pacificação social, uma vez que, caso não ocorressem irregularidades nem imprevistos, "tranquilizava" todos os atores sociais relativamente à boa ordem em que viviam e à sobrevivência dos grupos estamentais de que faziam parte; quando se enquadrava nas cerimônias religiosas do calendário litúrgico, relembrava a todos a sintonia entre a realidade social e a ordem divina.

O reforço de coesão social é tanto mais importante porquanto, ao nível das práticas, a caridade proporcionada pelas Misericórdias não era nem indiscriminada nem isenta de princípios repressivos. Embora ao nível das representações se santificasse o pobre, se evidenciasse a benevolência paternal dos doadores, a realidade era outra. Neste prisma, a unicidade das representações traduzia um modelo estático, mais uma vez mais conveniente aos mais favorecidos da sociedade do que àqueles que, nada tendo de seu, viam a pobreza como um horizonte próximo e muitas vezes inevitável ao longo das suas vidas.

Capítulo 5

As obras de caridade nas Misericórdias portuguesas

Tomás Aranha (1588-1663), um dominicano que proferiu um sermão na Misericórdia de Lisboa pelo S. Martinho do ano de 1644, afirmava que os irmãos desta confraria se dedicavam a três gêneros de esmolas: aos vivos, aos mortos e às almas que estão apartadas dos corpos. Pelos segundos entendia os enterros e pelos terceiros os ofícios, oblações e orações aplicados aos irmãos da Casa. A sua enunciação prendia-se com um ordenamento hierárquico: a Misericórdia "é mãe dos pobres, e sustenta com o leite das esmolas os pequeninos, e enfermos, que por suas pobrezas, e enfermidades, debilitados e sem forças estão reduzidos ao estado de crianças". No entanto, para o dominicano não havia ninguém mais desamparado do que um morto, e mais desamparada ainda estava a alma no Purgatório, uma vez que se os vivos não tratassem dela ficava ao abandono. E continuava, estabelecendo uma comparação que o público da Corte haverá de ter compreendido bem:

[...] uma alma no purgatório está tão só, e desamparada, como um fidalgo e nobre sem criados, e sem família, e tão inábil para poder entrar em uma corte. [...]. Imaginai, que partiu um fidalgo de Entre Douro e Minho para Lisboa, disseram-lhe os parentes, que logo nas costas lhe mandariam ginetes, criados, e dinheiro com pompa, e fausto bastantes para entrar em Corte. Chegou a Sacavém, [...], põe-se oito dias a esperar a família, e acompanhamento, em quanto lhe tarda está-se afligindo, porque não pode entrar na corte, como convém a seu crédito e honra. Pois tal está uma alma no forro do Purgatório, enquanto lhe não mandais o devido socorro, pompa, e aparato, com que possa entrar na Corte da Bemaventurança; mas com esta diferença, que as almas não podem mandar um próprio aos parentes, nem escrever-lhes, nem voltar à vida, nem sair do Purgatório, nem voltar para trás, nem ir para diante.

Em seguida, o frade chamava a atenção para o estado de degradação a que o interesse próprio e as querelas internas sujeitavam a irmandade: "Tanto que os irmãos da Misericórdia deixarem de assentar consigo, que são uns escravos do bem comum, e que vêm a esta irmandade para tratarem dos outros, e não de si próprios, nem de seus parentes [...] dai tudo por desconcertado e perdido" (Aranha, 1645: sem numeração).

O discurso de Tomás Aranha toca vários aspectos fundamentais da *praxis* assistencial católica do Período Moderno: em primeiro lugar, ilustra as prioridades assistenciais da época, em que o cuidado das almas detinha a primazia sobre o dos corpos. Em segundo, revela a infantilização dos pobres: a instituição era entendida como a mãe que cuidava de crianças de tenra idade. Em terceiro lugar, o frade dava conta da inevitável distância entre a condição humana e a santidade. No século XVII, eram já muitas as críticas que colocavam a nu o interesse próprio de muitos irmãos, que usavam as Misericórdias para obter benefícios para si e para a sua família.

Estes aspectos podem servir de pano de fundo para compreender a atuação das Misericórdias em matéria assistencial, uma vez que dizem respeito ao sistema de valores que a enforma e apelam para um entendimento relacional das suas práticas, em que não podemos esquecer nem os interesses e estratégias dos homens que as desempenham, nem as suas atitudes perante os pobres. O presente capítulo tenta sintetizar, partindo desses pressupostos, a atuação das Misericórdias em matéria assistencial.

Lógicas em mutação

O compromisso de 1516 da Misericórdia de Lisboa enunciava em primeiro lugar as obras de misericórdia espirituais: ensinar os simples, dar bom conselho a quem o pede, castigar com caridade os que erram, consolar os tristes desconsolados, perdoar a quem nos errou, sofrer as injúrias com paciência e rogar a Deus pelos vivos e pelos mortos. A primazia era-lhes provavelmente concedida em face do fato de ser assim que os catecismos da época as apresentavam; por outro lado, é patente em todo o compromisso que a misericórdia se pautava então por valores de cunho mais espiritual do que os que evidenciaria dois séculos mais tarde. O compromisso está repleto de citações da Bíblia; por ele perpassa a vontade de instaurar regras de vida cristã entre os seus membros. Basta ler o compromisso seguinte, de 1577, para nos encontrarmos perante uma confraria burocratizada. A enunciação das obras de misericórdia desapareceu, bem como as citações dos Evangelhos; as referências à utilidade espiritual das práticas de caridade aparecem apenas esparsamente.

As obras de misericórdia, como muitos elementos da doutrina cristã, foram o resultado de uma evolução no interior da própria teologia. Enquanto seis das obras corporais se filiam no Evangelho de Mateus, capítulo 25, sobre o Juízo Final, a sétima (enterrar os finados), surge posteriormente. A prática da inumação só substituiu a cremação no século VI d.C., muito embora tal fato não chegue para explicar a ausência de referência ao problema no texto do Evangelho. Quanto às obras espirituais, nenhuma delas se pode encontrar de forma literal nos textos da Bíblia. Santo Agostinho apresentava no *Enchiridion* uma lista de atos de caridade destinados a obter o perdão dos pecados cometidos, sendo alguns deles coincidentes com as obras corporais do Evangelho de S. Mateus; outros, como perdoar ofensas, dar conselhos, ou corrigir os que erram, são claramente antepassados das obras espirituais de misericórdia. Essa lista foi aperfeiçoada na Idade Média de forma a transformar-se num código moral, cuja fórmula apareceu nos séculos XI e XII (Flynn, 1989: 45-46).

Embora houvesse a tendência para fazer coincidir as práticas de caridade com as obras de misericórdia, estas últimas não abarcavam todas as situações de privação que a confraria reconhecia como merecendo ajuda. Providenciar o casamento de raparigas pobres e/ou órfãs, por exemplo, era considerado por todos como uma obra de caridade das mais meritórias e constituiu uma das principais práticas de caridade das Misericórdias. No entanto, a doação de dotes de casamento a raparigas órfãs pobres nunca chegou a ser incluída entre as obras de misericórdia. Embora os encontremos na Idade

Média, é importante referir que o aparecimento em massa das instituições de dotes a cargo de confrarias surge apenas no século XVI.

Da mesma forma, tudo o que se relacionava com crédito concedido a pobres com juro baixo, prática que nalgumas regiões da Europa se incluía entre as formas de caridade (Pullan, 1971: 451-453; Menning, 1992: 661), também não era incluído entre as obras praticadas pelas Misericórdias. De resto, pelo que se sabe dos empréstimos a juro concedidos pelas Misericórdias, parecem ter sido privilégio dos mais ricos e remediados; em todo caso, não encontramos nenhuma referência a emprestar dinheiro a artesãos em condições favoráveis, com a intenção de os livrar do empobrecimento por dívidas.

Desta forma, o conteúdo da formulação das obras de misericórdia estava longe de corresponder a práticas de caridade decorrentes da realidade textual. A tendência evoluiu no sentido de as Misericórdias efetuarem os serviços de caridade que as diferentes circunstâncias tornaram prementes.

As obras de misericórdia espirituais

Embora a formulação das sete obras espirituais de misericórdia tivesse desaparecido do texto dos compromissos posteriores a 1516, seria errado supor que a assistência às almas tivesse perdido terreno nas Misericórdias. Pelo contrário, a crença no Purgatório reforçou a vertente espiritual da caridade; a instituição de missas por alma manteve-se prioritária nas doações e testamentos. Foi esse dinheiro que, quer através dos seus sobejos, quer através da sua rentabilização através do mercado de crédito, possibilitou a manutenção de hospitais ou de outros serviços de assistência. Os mortos não eram os únicos a beneficiar de obrigações espirituais: qualquer pobre devia assistir a missas aos domingos e dias santos e ser confessado e ungido em caso de perigo de vida, quer se tratasse de um preso, um doente, ou um condenado à morte. No que respeita à obrigação de ensinar os simples, embora não se conheçam muitas iniciativas das Misericórdias em matéria de ensino de doutrina, todas foram unânimes em exigir uma vida conforme aos preceitos cristãos tanto por parte das pessoas que ajudavam como das que admitiam como irmãos.

As obras de misericórdia espirituais deram também origem a uma função das Misericórdias que ainda conhecemos mal: a de *fazer amizades*, ou seja, reconciliar inimigos. Esta atuação origina-se diretamente nas confrarias medievais, que estimulavam o perdão recíproco de ofensas entre os seus membros, promovendo o amor a Deus e ao próximo. O compromisso de 1516 (cap. 19) obrigava a uma escrituração destas ocorrências e até a uma cerimônia de reconciliação entre as pessoas desavindas, que deveria ter lugar durante a Quaresma e ser presenciada pelo provedor e quatro testemunhas. O compromisso de 1577 omitia esta pequena cerimônia no seu capítulo 28, embora continuasse a considerar a Quaresma como período preferencial para atos de perdão de ofensas, que podiam no entanto ter lugar ao longo de todo o ano. O compromisso seguinte era já bastante mais cauteloso, advertindo que os irmãos nunca deveriam arbitrar litígios sobre bens, nem interferir em matérias que, por serem prejudiciais ao bem comum, deviam ser tratadas apenas no foro judicial (cap. 38). O alcance desta ação pacificatória podia estender-se aos tribunais, onde os irmãos da Misericórdia procuravam a "composição", um ato de negociação extrajudicial que facilitava um acordo entre as partes litigantes (Oliveira, 1998: 77-81).

A vertente espiritual da caridade prevalecia sobre a cura dos corpos ao longo da Idade Média e mesmo nos primeiros tempos das Misericórdias. Um pouco por toda parte, as despesas com missas por alma absorveram grande parte das despesas da Misericórdia, relegando para segundo lugar a assistência aos corpos. Só para fazer uma ideia do volume astronômico de missas rezadas, basta atentar para o caso de Lisboa: no ano de 1679-80 foram 59.279 e no de 1694-95, 62.119 (Serrão, 1998: 174). Nas outras Misericórdias, este quantitativo cifrava-se normalmente muito abaixo desse total, entre duas mil e 10 mil missas. No entanto, o Período Moderno trouxe uma preocupação cada vez maior com a assistência corporal. Atestam-no em primeiro lugar o esforço que as Misericórdias empreenderam a partir da primeira metade do século XVIII para diminuir o número de missas a que estavam obrigadas, através de breves de redução solicitados à cúria papal. Como resultado desta tendência, as despesas litúrgicas baixaram; outros indícios revelam que a preocupação dos testadores se deslocou no sentido de privilegiar a assistência aos corpos e não às almas.

As obras de misericórdia corporais

Remir cativos e visitar os presos

No período entre os reinados de D. Afonso V e D. João III, em que a ordem da Santíssima Trindade perdeu competências em matéria de resgate de cativos, as Misericórdias tiveram um papel importante no que respeita aos cativos de Marrocos (ver capítulo 2). Posteriormente, o rei continuou a servir-se das Misericórdias para reunir fundos quando da organização pontual de resgates, indagando junto destas se existiam legados para eles. Encontramos notícia nas Misericórdias locais de pedidos provenientes do poder central para satisfazer pedidos pontuais. Em 1639, por ocasião da organização de um resgate geral, uma carta régia mandava apurar quantos cativos tinha obrigação de resgatar cada Misericórdia e quanto importava o dinheiro dessas esmolas no cômputo geral.

Em contrapartida, a tarefa de visitar os presos foi uma atividade consistente em todas as Misericórdias. Não se encontrou até ao momento nenhuma Misericórdia que não entrasse nas cadeias a prestar-lhes assistência. Uma vez que estas confrarias se encontravam normalmente nas sedes concelhias, havia sempre uma cadeia que requeria a atenção dos irmãos. Tratou-se de um dos primeiros serviços em torno dos quais a Misericórdia de Lisboa se estruturou, invocando metáforas que apelavam para a similitude entre as almas presas no Purgatório e a situação dos encarcerados.

A ajuda era restringida aos presos pobres, mas estar na cadeia representava na época um processo de pauperização: o sustento do encarcerado era garantido por capitais do próprio ou dos seus familiares. Estar preso não significava cumprir pena de prisão: as cadeias eram apenas locais onde se aguardava julgamento. Havia os encarcerados que necessitavam de ajuda da Misericórdia desde o início da sua estadia na prisão, mas muitos resvalavam para uma situação em que tinham de pedir auxílio. No tempo de espera pelo julgamento, o preso ia consumindo os seus haveres, e acabava por depender da caridade alheia. Os detidos faziam um pedido de admissão ao chamado "rol dos presos pobres", destinado a incluí-los na lista de encarcerados a cargo da Misericórdia. Essas petições incluíam a identificação do preso e uma descrição da sua pobreza, e eram submetidas ao escrutínio da confraria, que averiguava a veracidade das informações.

Os mordomos da Misericórdia entravam nas cadeias, distribuíam comida e água aos presos (geralmente duas vezes por semana), e faziam-nos receber tratamento médico em caso de necessidade. Paralelamente, desenvolviam todo um processo tendente a "livrar" o preso: essa expressão equivalia a fazê-lo sair da prisão depois do processo concluído, quer saísse livre (na acepção que hoje damos a esta palavra), quer fosse degredado ou condenado à morte. Por essa razão, as Misericórdias desenvolviam um trabalho contínuo junto das instâncias judiciais, para que os presos que tinham a cargo fossem objeto de um processo mais rápido de forma a onerar o menos possível a confraria. Quando os presos transitavam entre instâncias, a Misericórdia seguia-lhes os passos; outras vezes sucedia o contrário, e eram os presos de outras proveniências a ingressar na cadeia local, onde a Misericórida lhes prestava auxílio. O desenlace judicial não significava o fim das preocupações da Misericórdia com o preso. Se este fosse para o degredo, cabia-lhe zelar para que aguardasse solto o embarque, e fazer com que lhe fosse dada preferência ao embarcar, de acordo com os privilégios concedidos por D. Manuel.

Curar os enfermos

As Misericórdias mantiveram até ao século XVIII a preocupação de assistir doentes a domicílio. Os autores são unânimes em afirmar que os hospitais se destinavam a pobres, e não a todos: apenas aqueles que não podiam gozar dos cuidados de familiares e conhecidos estavam sujeitos a ser tratados em regime de internamento hospitalar. Daí que as listas de entradas dos hospitais registem sempre um número elevadíssimo de pessoas que compunham a população flutuante. O caso do Hospital do Espírito Santo de Évora para o século XVI é flagrante, sendo frequentado majoritariamente por minhotos e beirões que acorriam sazonalmente ao Alentejo para as temporadas de trabalho agrícola. Eram as grandes cidades a dispor dos hospitais de maior capacidade, onde se confundiam pessoas das mais variadas proveniências geográficas e até de outras confissões religiosas. No entanto, uma faixa de pobres "respeitáveis", cujo estatuto se procurava manter através de uma assistência discreta e por vezes sigilosa, era assistida em casa. Entre estes pobres domiciliados têm particular destaque as mulheres, que, em certas zonas do reino, chegavam a estar quase ausentes da clientela hospitalar. A pobreza envergonhada, tal como era enunciada no período medieval, foi posta em causa pelo Iluminismo, uma vez que desafiava os conceitos de igualdade jurídica que se procuravam impor; depois da era napoleônica, a sua sobrevivência foi difícil (Ricci, 1996: 199-249). Contudo, nem sempre esta alteração produziu o desaparecimento ou a perda de importância da assistência a domicílio. Por outro lado, as Ordens Terceiras começaram a abrir os seus próprios hospitais, onde os seus membros podiam ser tratados sem se misturar com os pobres.

A assistência a domicílio tendeu a continuar, até porque alguns autores dos inícios do século XIX, tais como o Barão de Gérando (as suas obras principais foram publicadas nas décadas de 1820 e 1830), continuavam a fazer da visita ao pobre a premissa fundamental de uma "nova" caridade, voltada para a prevenção do ócio, do vício, e para a colocação dos pobres no mercado de trabalho. Com Gérando, a visita domiciliária assumiu o seu caráter de instrumento de controle social, ao considerar que só *frequentando* as casas dos pobres se pode conhecer realmente o seu estado moral e econômico (Gérando, 1820). A preocupação de vigiar e controlar os pobres no seu local de residência através de visitas frequentes e sistemáticas pode ser equiparada ao que o panóptico de Bentham constituiu para a evolução do sistema prisional (Foucault, 1993).

Sabemos que as Misericórdias conservaram as visitas domiciliárias no século XIX, e por vezes até ao século XX, atribuindo grande peso a este serviço no conjunto das suas atividades. Para o conjunto das Misericórdias antes do século XVIII – não considerando por agora Lisboa – visitar os pobres em suas casas, quer estivessem doentes ou precisassem apenas de auxílio material, foi uma regra. No entanto, é-nos hoje difícil saber quem e quantos foram estes pobres. As poucas listas de pobres domiciliados que restam confirmam a presença esmagadora da pobreza feminina, e também de entrevados de ambos os sexos.

Algumas Misericórdias puseram a funcionar um sistema de "informadores", indivíduos que, auxiliados pelos párocos das freguesias, estavam encarregados de se inteirar das pessoas que precisavam de esmola e de a distribuir, recolhendo o dinheiro disponível no escritório da Casa. Não são claros muitas vezes os processos de distribuição de esmolas, mas supõe-se que parte delas seria dada em público, a pobres que se apresentavam nas instalações das Misericórdias (nos pátios, provavelmente) ou que andavam a vaguear pelas ruas, e outra parte seria distribuída aos pobres em suas casas.

Cobrir os nus

Esta obra de misericórdia encontrava expressão na distribuição de vestuário aos pobres. Eram geralmente roupas usadas, e muitas vezes tinham pertencido a pessoas já defuntas; algumas delas provinham dos hospitais que as Misericórdias administravam. Já D. Afonso V legislara no sentido de fazer reverter para os hospitais de Santa Maria de Rocamador de Lisboa as roupas dos doentes ali falecidos, impedindo que os parentes, pouco preocupados com os seus familiares em vida, viessem reclamar os parcos haveres destes depois de mortos (*in* Carvalho, 1949: 246-247). Não só as Misericórdias punham a circular a roupa dos doentes que faleciam nos seus hospitais, doando-a aos que tinham alta ou a outros pobres que assistiam, mas também, pelo menos até os inícios do século XVI, existiu o hábito de testar vestuário e roupas de cama aos hospitais. Os administradores designavam este conjunto de pessoas, de modo semelhante aos presos pobres, por "rol dos pobres", uma vez que constavam da lista de pobres da confraria. Para estes, uma das ajudas prestadas era a dádiva de roupas, sobretudo para as mulheres, para as quais o vestuário se revestia de uma função simbólica especial, uma vez que adequava o seu aspecto exterior às regras da moral vigente. A documentação, por exemplo, menciona "vestidos para ver a Deus" no caso das mulheres, mas a omissão da referência aos homens faz supor que era mais fácil para estes últimos entrar decentemente vestidos numa igreja.

Outra forma de vestir os nus era estipular em testamento que se vestiria um determinado número de pobres no dia do funeral ou anualmente numa data preestabelecida. O acompanhamento de funerais era de resto uma das atividades de que os pobres dispunham para sobreviver: eram vulgares as distribuições de comida e bebida, e muitas vezes o defunto tinha ordenado a distribuição de esmolas em dinheiro, hábito designado por "obrada" nas fontes medievais. Como não se podia dar roupa a muitos pobres, o seu número era limitado, e por isso os testamentos estipulavam um número fixo, com preferência pelo número 12 (12 apóstolos, uma vez que Judas era excluído).

Os pobres do rol eram muitas vezes obrigados a assistir a missas pelos benfeitores falecidos das Misericórdias, após as quais recebiam esmola. Mais uma vez, estamos perante o caráter retributivo da caridade: os pobres não se limitavam a receber, mas retribuíam o dom através da sua presença, que por sua vez significava o dever de interceder pela alma do defunto.

Dar de comer aos famintos e dar de beber aos que têm sede

Estas duas obras de misericórdia eram as mais abrangentes: praticavam-se quando se curavam enfermos, se visitavam presos ou se albergavam peregrinos. Fora destas situações, incluíam geralmente a distribuição de comida aos pobres, por vezes preferida à distribuição de esmolas em dinheiro, que estavam mais sujeitas a descaminho.

Nas zonas rurais, as Misericórdias eram detentoras de propriedades agrícolas cujas rendas nem sempre comercializavam. Algumas delas serviam para pagar parte do salário aos assalariados da casa, e muitos hospitais abasteciam-se diretamente do celeiro das Misericórdias que os tutelavam. Enquanto os gêneros de maior valor comercial eram vendidos, os cereais panificáveis de uso corrente eram empregados na alimentação dos pobres. A distribuição de pão obrigou por vezes as Misericórdias a cozer o seu próprio cereal, pagando a amassadeiras e padeiras o serviço prestado, ou encarregando os seus irmãos oficiais de o providenciar.

Dar pousada aos peregrinos e pobres

De todas as obras de misericórdia é esta que mais conotações medievais acarreta, uma vez que a prática de albergar peregrinos levou à construção de inúmeras albergarias e hospitais junto dos caminhos (Almeida, 1973: 39-57). O caráter religioso das viagens que efetuavam, geralmente à Terra Santa ou a Santiago de Compostela, a sua pobreza efetiva (as viagens duravam meses ou anos), a sua descontextualização em face dos laços geográficos e familiares de origem, conferiam ao peregrino medieval um caráter sagrado que o aproximava da figura de Cristo e lhe garantia o apoio das populações.

Embora a intenção de proporcionar dormida, comida e bebida grátis aos caminhantes se tivesse mantido quando as Misericórdias surgiram, esta obra de misericórdia tinha deixado de constituir uma prioridade. Vimos já que os novos hospitais faziam uma distinção espacial entre a casa dos peregrinos e as enfermarias dos doentes. No entanto, o tempo de hospedagem dos peregrinos nos hospitais foi-se reduzindo, e nos séculos XVII e XVIII as Misericórdias exigiam cartas de guia às pessoas em trânsito para saberem quem auxiliavam. Ainda, a esta progressiva desfamiliarização em face da figura do peregrino, deve-se acrescentar que a sua figura era de apropriação fácil por parte de farsantes, e o século XVI desconfiava dos mendigos itinerantes que se faziam passar por romeiros. Não obstante estas limitações inerentes à mudança dos tempos, as Misericórdias continuaram a apoiar os viajantes, dando-lhes esmolas e fornecendo-lhes transporte. Nalguns casos, existia ainda o hábito de enviar os doentes com cartas de guia a banhos de mar ou caldas. Estes apoios aos viajantes tinham no entanto uma escala local: eram feitos de Misericórdia para Misericórdia, e os viajantes ou peregrinos eram controlados através da emissão de cartas de guia. Tratava-se portanto de um transporte inter-Misericórdias.

Enterrar os finados

Os serviços fúnebres encontravam-se entre os mais importantes que as Misericórdias prestavam, muito embora nem todos os acompanhamentos de defuntos fossem feitos por caridade. Na verdade, as Misericórdias efetuavam uma gama diversificada de enterros: a pobres, a ossadas de condenados, aos seus irmãos e à população em geral. Relembre-se que uma lei de 1593 lhes concedia na prática o monopólio dos enterros (ver capítulo 2), e em numerosas localidades não ia defunto a enterrar sem usar o equipamento fúnebre da Misericórdia.

As modalidades da cerimônia fúnebre e do mobiliário empregado variavam de forma significativa. O compromisso de 1618 menciona uma tumba para pobres e "pessoas ordinárias"; outra para pessoas de maior qualidade e uma terceira para irmãos ou pessoas a quem a irmandade reconhecesse equivalência a esta categoria. Além destas, uma peça mais modesta, um esquife, serviria para levar os escravos à sepultura.

As Misericórdias enterravam "por amor de Deus" pobres falecidos nos hospitais, em lugares públicos ou até em suas casas, quer se tratassem de adultos ou de crianças. Os enterros de pobres eram fundamentais para conferir à Misericórdia uma imagem de serviço público gratuito, mas a verdade é que constituíram uma pequena parte dos enterros realizados pelas Misericórdias. Não eram dispendiosos, uma vez que o mobiliário fúnebre era reutilizável e as despesas com celebrações religiosas reduzidas ao mínimo; quando muito, era necessário pagar aos indivíduos que carregavam os esquifes e sepultavam os corpos. Trata-se portanto de uma das atividades mais rentáveis em termos simbólicos que a confraria prestava às comunidades, sobretudo quando se encarregava de enterrar crianças.

As Misericórdias tinham também o monopólio do enterro das ossadas dos condenados, que deviam retirar do local de execução no dia de Todos-os-Santos; era este também um serviço de elevada rentabilidade simbólica. Realizava-se uma procissão para o efeito: no dia mais importante do culto dos mortos, a Misericórdia intercedia por aqueles que não deveriam receber sepultura segundo as leis dos homens, mas tinham direito a ela por direito divino. Antes, quando o escudeiro Álvaro da Guarda se deslocara para a Beja com instruções de D. Manuel para fundar a Misericórdia naquela vila (de que o rei tinha sido duque até herdar o trono), depois da cerimônia de instituição em Câmara com os melhores da terra e o povo juntos, o primeiro ato de caridade da confraria, realizado no mesmo dia, foi ir em procissão retirar as ossadas da forca. Na igreja da Misericórdia respectiva, uma lápide na entrada principal assinalava o espaço onde se enterravam os justiçados (*in* Catálogo, 1895:79). Retirar os restos mortais dos justiçados em cortejo solene era também um ato que reforçava o monopólio da violência num contexto de afirmação do Estado moderno: a procissão realizava-se mesmo que não tivesse havido justiçados naquele ano nem ossadas no local de execução.

As Misericórdias não davam sepultura apenas a pobres e condenados de justiça. Havia também o espaço sagrado no chão das suas igrejas, que à semelhança do que era regra, se vendia a preços variáveis, que aumentavam com a proximidade do altar-mor. Em rigor, o espaço de enterramento não podia ser vendido, embora acabasse por ser corrente as igrejas receberem dinheiro em troca de sepulturas, uma vez que se aconselhava a doação de esmolas, exceto aos muito pobres (Araújo, A.C., 1997: 362). Tal como em outras igrejas, também nas igrejas das Misericórdias se verificou a cedência de espaços de sepultura mediante compensação pecuniária.

Outras obras de caridade

As crianças expostas

Desde D. Manuel que a criação dos expostos estava adscrita às Câmaras municipais, e assim seria durante todo o Período Moderno, embora a questão da tutela, que envolvia o problema mais premente de determinar quem pagava a sua sempre dispendiosa criação, tivesse sido complicada pela evolução que se lhe seguiu. A mesma lei consignava que os hospitais locais de leigos deviam estar a cargo também das Câmaras, e era nestes que se prestava assistência aos enjeitados. Quando passaram para as Misericórdias, estas assumiram a criação de expostos, embora tivessem solicitado financiamento, uma vez que consideravam não ser da sua competência contribuir com recursos monetários da confraria para o efeito. A lei era clara quanto à responsabilidade dos hospitais locais e das Câmaras nesse particular; por outro, a assistência aos expostos foi cada vez mais exigente em termos financeiros, uma vez que o número de crianças abandonadas não cessou de aumentar ao longo do Período Moderno. O problema colocava-se sobretudo nas cidades de maior envergadura, a que era fácil fazer convergir expostos de toda a área circundante, por vezes bastante extensa. Dessa forma, em cidades como Lisboa, Porto, Évora e Coimbra, fizeram-se contratos entre as Misericórdias locais e as Câmaras, através dos quais estas pagavam a criação, que as Misericórdias faziam *pro bono*. Foi um arranjo complicado, uma vez que nem sempre as Câmaras conseguiam honrar o compromisso, agravado pelo crescente número de abandonos.

Vejamos o caso de Lisboa. Os compromissos da sua Misericórdia de 1577 (cap. 33) e 1618 (cap. 33) contemplavam a caridade para com os meninos desamparados, ressalvando no entanto que os expostos não recaíam nesta categoria, uma vez que estavam a cargo do Hospital de Todos-os-Santos. Por desamparadas entendiam apenas aquelas crianças que não podiam ser criadas pelas suas mães, e não os expostos, que, como se sabe, eram crianças "enjeitadas", isto é, sem filiação conhecida. Devido à ambiguidade de situações, o compromisso de 1618 deixava bem claro que a competência sobre os expostos recaía sobre o Hospital de Todos-os-Santos, de resto uma instituição administrada pela Misericórdia.

As crianças assistidas pela irmandade na condição de desamparadas são menos visíveis nas fontes documentais: como estavam sujeitas a petição (e portanto a escrutínio), eram as mães e suas famílias que davam o nome aos processos, e eram elas assistidas através da contratação de uma ama paga pela Misericórdia. Na prática, era um serviço restrito ao período de aleitamento.

O cuidado dos expostos foi sempre para as Misericórdias o resultado de uma negociação com as Câmaras, uma vez que a lei era clara em fazer destas últimas as responsáveis pela sua criação. Obrigação quase sempre difícil de cumprir, não só pelos encargos financeiros que acarretava, mas também pela vontade frequente de afastar o exposto do seu local de abandono, o que operava uma deslocação do princípio de localidade imanente à lei. Era praticamente impossível para uma determinada Câmara fazer com que o número de abandonos correspondesse à produção local de crianças enjeitadas. Essa vontade de afastar a criança do lugar onde a mãe vivia tinha uma razão pertinente: a atribuição de semelhanças físicas podia perturbar o anonimato do abandono. Além do mais, as comunidades dispunham de informações que permitiam identificar as circunstâncias do nascimento das crianças, sabendo quem eram os pais e as suas histórias de vida. Por outro lado, pelos encargos financeiros elevados que a criação de expostos implicava, a solução mais fácil consistia em descarregar esse ônus para outras instituições. Tratava-se de um problema sem solução, uma vez que o sistema de abandono só podia funcionar no anonimato.

Como resultado da negociação entre as Misericórdias e as Câmaras a nível local, uma grande variedade de situações ocorreu em matéria de criação de expostos. Esta apresenta como único denominador comum (e mesmo assim com exceções) o fato de serem as Câmaras a pagá-la. Os irmãos das Misericórdias (ou não tivessem eles muitas vezes experiência como vereadores municipais) estavam no entanto bem cientes de que a lei obrigava as Câmaras a custear a criação dos expostos. Nalguns locais a Misericórdia recolhia e batizava as crianças entregando-as à Câmara em seguida; noutros só muito tarde a Câmara assumiu as suas responsabilidades. Ainda, nalguns casos, foram efetivamente as Câmaras a ocupar-se dos expostos, sem se verificar qualquer das situações ambíguas que acabamos de referir.

Dotes de casamento

Casar raparigas pobres foi uma das atividades mais presentes nas Misericórdias, uma vez que instituir dotes de casamento constituía uma das obsessões recorrentes dos doadores. A preferência dos testadores por esta prática de caridade explica-se por vários motivos. Tratava-se de um ato eficaz na perpetuação da memória do doador, uma vez que os dotes ostentavam o seu nome; por outro lado, não significava forçosamente que o patrimônio fosse doado a pessoas estranhas à família do testador, uma vez que podia beneficiar parentas suas. Não esqueçamos também a dependência feminina em relação aos homens: o estado de solteira era considerado perigoso para a honra das mulheres e implicava dificuldades de sobrevivência social e econômica. Competia aos seus pais (ou a outros parentes na sua falta) "dar-lhes estado", através da concessão de um dote de casamento, condição quase imprescindível para contrair matrimônio. Proteger as raparigas órfãs pobres de modo a permitir-lhes o casamento significava zelar pela boa ordem moral e social, ao enquadrar a reprodução biológica nas normas religiosas vigentes.

Havia dotes dos quantitativos mais variados, e com exigências também díspares: ora contemplavam as parentas do doador (por vezes de um só ramo da família), ou um misto de familiares e raparigas pobres desconhecidas; davam-se de uma só vez, ou instituíam-se bens vinculados para os financiar "para sempre". Um pouco mais uniformes eram as exigências feitas às candidatas: serem naturais ou residentes numa determinada zona, de bom comportamento e reputação sem mancha, e de preferência, fisicamente atraentes. Quando assim era, deveriam casar mais rapidamente, pelo perigo que a sua honra corria. Em contextos coloniais de diversidade étnica, a cor da pele podia constituir também critério de seleção, muito embora o fator decisivo fosse de fato a ascendência portuguesa por via masculina.

A acumulação de legados para dotes de casamento nas Misericórdias fez com que muitas delas organizassem concursos públicos para a sua concessão. As raparigas jogavam repetidas vezes com as suas hipóteses de obterem um dote - os mesários da confraria deslocavam-se até as aldeias para as examinarem e tirarem informações sobre o seu comportamento e avaliarem os seus dotes físicos; ao aproximar-se dos 30 anos as raparigas deixavam de poder concorrer, casando-se muitas vezes com galegos, provavelmente os valores mais baixos do mercado matrimonial (Araújo, 2000a). Em algumas Misericórdias chegam-nos também notícias de que os dotes concedidos nem sempre eram embolsados pelos contemplados (na prática, os maridos das raparigas), ou eram recebidos muito tempo depois de realizado o matrimônio.

Em todo este panorama, a Misericórdia de Lisboa apresenta mais uma vez algumas particularidades. No compromisso de 1577, encontra-se patente que a Casa concedia dotes a raparigas residentes nos lugares do Império, segundo um complexo jogo de precedências que obedecia à lógica da guerra santa e ao serviço do rei, o que se compreende, uma vez que boa parte das quantias disponíveis para o efeito tinha origem na generosidade régia (cap. 30-31). No compromisso de 1618, relembrava-se que D. Manuel, de "gloriosa memória", tinha deixado à Casa um conto de réis para casamento de órfãs (cap. 29): na realidade, pelas condições de seleção descritas, o rei privilegiava as filhas dos seus servidores.

Os recolhimentos femininos

Ao contrário dos conventos femininos, os recolhimentos destinavam-se a acolher mulheres sem votos eclesiásticos. Embora a vida entre as suas paredes seguisse os modelos da clausura, com horários preestabelecidos, obrigações devocionais estritas e uso de hábito, apresentavam uma grande vantagem relativamente aos conventos. O estatuto de recolhida, ao contrário do de freira, permitia a reintegração da mulher na vida secular através do casamento. Sempre preservando a reputação das mulheres, e muitas vezes fazendo espetáculo público da sua honra (Gandelman, 2005).

Os recolhimentos dividiam-se em dois tipos: uns destinavam-se a mulheres ou raparigas órfãs de reputação impoluta, e os outros a mulheres ditas "arrependidas", prostitutas ou mães solteiras que era necessário afastar do mundo para reabilitar. Os segundos receberam quase sempre a invocação de Maria Madalena, o símbolo católico da regeneração das mulheres impuras. Em Portugal, estes últimos foram quase sempre de tutela episcopal, escapando, com raras exceções, à administração das Misericórdias. Nas cidades com alguma envergadura existia regra geral uma instituição de cada um destes tipos, de que resultava igualmente numa especialização que espelhava a proveniência social das reclusas: média ou alta no caso das mulheres "puras" (era mais fácil conservar a reputação das menos desamparadas familiar e socialmente) e baixa no caso das "manchadas", onde muitas vezes estava prescrito o trabalho manual no interior do recolhimento.

A circulação entre estes dois tipos de recolhimento fazia-se de modo descendente, isto é, as recolhidas de um convento de mulheres "puras" podiam ser desclassificadas e passar para um recolhimento de arrependidas; a mudança no sentido inverso, em contrapartida, era impossível. Em geral, as Misericórdias geriram o primeiro tipo de recolhimentos, geralmente destinados a órfãs, que funcionavam em complementaridade com a concessão de dotes de casamento: representavam o lugar seguro onde as raparigas podiam aguardar a mudança de estado. Por outro lado, eram instituições que podiam dar guarida a mulheres que nunca se chegavam a casar ou a viúvas desamparadas. Existiram um pouco por toda a parte, e nalguns casos foram criados graças à generosidade de um único doador.

Na verdade, tanto o internamento de raparigas órfãs como o acesso a dotes de casamento parece ter constituído um mecanismo de autoajuda dos irmãos das Misericórdias, uma vez que as órfãs das suas famílias tinham aí entrada preferencial, por vezes consagrada nos próprios estatutos, e consentânea, de resto, com os princípios defendidos pelos teólogos da época, de que a caridade começava nos mais próximos (Xavier, 1999: 78).

Dotes de casamento e recolhimentos de órfãs eram poderosas instituições de normalização social, na medida em que consagravam um conjunto de requisitos conotado com a preservação da ordem (para além do casamento em si mesmo). Senão vejamos: as raparigas deviam ser de nascimento legítimo, e ser honradas, isto é, viver e ter fama de respeitar os códigos morais vigentes. É muito importante sublinhar o papel da reputação, porque este significava que as raparigas precisavam se comportar de modo a não dar azo a que a comunidade pusesse em causa a sua honra, conferindo-lhes o estatuto de "faladas". A ideia era simples: produzir e continuar uma sociedade ordenada segundo os princípios da pureza sexual feminina, reforçando a sua dependência em face do sexo masculino.

Nem todos os recolhimentos instituídos nas Misericórdias tinham como objetivo integrar as suas internas no mercado matrimonial. O caso de Guimarães constitui uma exceção, porquanto as suas pensionistas, em número de seis, tinham o estatuto de merceeiras. Competia-lhes essencialmente rezar por alma do instituidor, um desembargador da Relação de Braga, em troca do que recebiam casa e sustento vitalício (Costa 1999: 187-188). Embora as mercearias constituíssem uma instituição medieval, continuaram a ser criadas e atribuídas nas Misericórdias ao longo do período moderno. A Misericórdia de Lisboa dedicou-lhes o capítulo 31 do seu compromisso de 1618, estabelecendo que fossem mulheres com mais de 50 anos, "de boa fama, virtuosas e honradas", exceto nos casos em que os instituidores tivessem estabelecido condições diferentes para o seu provimento.

Os colégios de órfãos

A administração de colégios dos órfãos de sexo masculino por parte das Misericórdias foi mais rara do que a de recolhimentos femininos. Várias razões contribuem para o explicar: por um lado, as expectativas sociais dos rapazes não giravam apenas em torno do casamento como no caso das mulheres; podiam aprender um ofício, ou ingressar na carreira eclesiástica. Enquanto adolescentes, a sua vida podia não decorrer dentro dos muros de um edifício: pelo contrário, a presença de órfãos, sobretudo quando tinham dotes musicais, era um "must" nos enterros, e nessas ocasiões recebiam sempre esmolas, que as instituições recolhiam (Araújo, A.C., 1997: 236-237). Mas foi sobretudo a possibilidade de transformar estes meninos em eclesiásticos que fez com que estes colégios fossem controlados por entidades religiosas. Temos o caso do

Colégio de Jesus dos Meninos Órfãos de Lisboa, fundado no tempo de D. João III, de inspiração e tutela espiritual jesuíta. No Porto, o Colégio dos Órfãos de Nossa Senhora da Graça foi fundado em 1651 pelo Padre Baltasar Guedes, um oratoriano, e os seus objetivos não se afastaram dos restantes colégios, embora fosse tutelado pela Câmara. Os formandos eram vistos sobretudo como futuros missionários, mais do que curas de paróquia. Só nos finais do século XVIII, com o caso do Colégio de S. Caetano em Braga (mais uma vez fundado por um bispo, neste caso o arcebispo franciscano D. Frei Caetano Brandão), se abriram as escolhas dos alunos a outras ocupações. Raras vezes instituições para rapazes órfãos foram da competência das Misericórdias.[12]

Conclusões: quem eram afinal os pobres que as Misericórdias ajudavam?

Qualquer indivíduo que dependesse do trabalho manual para o seu sustento era um pobre em potência. Situações que tornassem insuficiente o salário de um agregado familiar, ou que impedissem o trabalho dos seus membros, criavam situações de pobreza que motivavam o recurso às instituições de caridade. A pobreza era um horizonte provável para muitos: em primeiro lugar, para as crianças sem família que as sustentasse, e em segundo para as mulheres sós, sobretudo as viúvas ou solteiras com crianças a cargo, para além de todas as outras pessoas, homens e mulheres, suscetíveis de cair em pobreza. No entanto, ser pobre estava longe de significar ter direito a ser ajudado. As instituições de caridade da Época

---

[12] Sobre colégios para rapazes órfãos, ver Guedes 2006.

Moderna (e não apenas as Misericórdias, como é óbvio) fizeram sempre depender o acesso da assistência de critérios morais, para além de todas asoutras pessoas, homens e mulheres, suscetíveis de cairem em pobreza.

Há que relativizar os critérios de seleção em função das situações e das pessoas ajudadas. Quando o serviço pretendido se limitava ao esforço necessário para permitir a sobrevivência física do pobre, os critérios das Misericórdias eram abrangentes, e proporcionavam um tipo de caridade praticamente universal. Estão neste caso os expostos (que as regras cristãs não concebiam deixar morrer sem receber o sacramento do batismo), a assistência a doentes em hospitais gerais, ou a assistência a presos nas cadeias. Embora o sofrimento fosse uma vantagem no percurso da salvação (e muitos destes pobres sofriam horrores), evitava-se a morte ao abandono, sem o conforto dos sacramentos. As regras cristãs tornavam inaceitável deixar morrer alguém sem lhe prestar os últimos cuidados à alma e ao corpo.

Quando os recursos pretendidos exigiam uma ajuda continuada por parte das Misericórdias, ou o pagamento de uma soma avultada de uma só vez (caso dos dotes de casamento), a seletividade das Misericórdias aumentava, e nem todos tinham acesso à assistência pretendida. Esses serviços coincidiam com a manutenção de estatuto social, evidente no caso das visitadas e visitados (que não podiam ser pessoas que andassem pedindo pelas portas) e ainda, das órfãs, para quem a ausência de recursos para contrair matrimônio representava um risco de desclassificação. Os pobres visitados a domicilio, frequentemente entrevados, que as Misericórdias podiam ajudar ao longo de meses ou anos, eram submetidos a escrutínio, bem como as pessoas das suas famílias. Também as órfãs que pretendiam dotes de casamento eram objeto de um processo implacável de seleção (Sá, 2002). Nesses casos, a caridade podia começar em casa e eram os membros da família dos irmãos os primeiros contemplados.

A caridade não estava isenta de princípios retributivos, e os pobres nem sempre recebiam sem dar nada em troca. Rezar pela salvação do doador era uma obrigação para as merceeiras ou para os pobres a quem se dava esmola por acompanhar um enterro; era ainda recomendado às dotadas que se lembrassem dos instituidores nas suas orações. O dinheiro e o tempo gasto com os pobres não constituíam uma despesa a fundo perdido: a caridade continha um elemento de reciprocidade que não pode ser ignorado.

Para os autores dos finais do século XVI o mau pobre era conotado com o ignorante do ponto de vista doutrinal e religioso, ou seja, com o mau cristão. O pobre ideal, em contrapartida, confessava-se, comungava, era devoto e paciente e tinha por principal função pedir esmola (Carvalho, 1974: 34-35). O objetivo de submeter os pobres a uma seleção baseada no respeito pela ordem moral, religiosa e econômica que a sociedade procurava impor cumpriu-se ao longo do Período Moderno, em que o verdadeiro pobre era o católico cumpridor. Não nos espanta portanto que as mulheres solicitassem às Misericórdias vestidos para "ver a Deus".

Aos pobres, com fraco poder negocial dentro das lógicas da caridade, nada mais restava senão jogar com os valores das elites que controlavam os recursos das instituições. Os estudos existentes comprovam que os conheciam bem e procuravam fazê-los reverter em seu benefício, apelando para os pontos sensíveis das pessoas que liam as suas petições e revelando consciência de que a Misericórdia tinha obrigação de os ajudar. No entanto, segundo uma lógica de favor, os pobres sabiam bem que não eram eles que decidiam.

Bibliografia e fontes impressas

ABREU, Laurinda. *A Santa Casa da Misericórdia de Setúbal de 1500 a 1755: aspectos de sociabilidade e de poder*. Setúbal: SCM, 1990.

_____. Padronização hospitalar e Misericórdias: apontamentos sobre a reforma da assistência pública em Portugal. In: *Congresso Comemorativo do V Centenário da Fundação do Hospital Real do Espírito Santo - Actas*. Évora: Hospital do Espírito Santo, 1996, p. 137-148.

_____. *Memórias da alma e do corpo. A Misericórdia de Setúbal na Modernidade*. Viseu: Palimage, 1999.

_____. Misericórdias: patrimonialização e controle régio (séculos XVI e XVII), *Ler História* 44 (2003) 5-24.

_____. O Arcebispo D. Teotônio de Bragança e a reestruturação do sistema assistencial na Évora Moderna. In: *Igreja, Caridade e Assistência na Península Ibérica (séculos XVI-XVIII), Actas, Évora, 2003*, ed. L. Abreu. Lisboa: Colibri, 2004a, p. 155-165.

_____. Reclusão e controle dos pobres: o lado desconhecido da assistência em Portugal, *Revista Portuguesa de História* 36: 1 (2003-04) 527-540.

_____. A difícil gestão do Purgatório. Os breves de redução de missas perpétuas do Arquivo da Nunciatura de Lisboa (séculos XVII-XIX), *Penélope* 30-31 (2004) 51-74.

_____. Beggars, vagrants and Romanies: repression and persecution in the Portuguese society (14th-18th centuries), *Hygieia Internationalis. An Interdisciplinary Journal for the History of Public Health* 6: 1 (2007) 41-66.

_____. Limites e fronteiras das políticas assistenciais entre os séculos XVI e XVIII, continuidades e alteridades, *Varia Historia*, Belo Horizonte 44 (2010) 347-371.

ALBERTO, Edite. *As instituições de resgate de cativos em Portugal*, diss. mestrado, Lisboa, FCSH-UNL, 1994.

ALGRANTI, Leila. *Honradas e devotas: mulheres da colônia. Condição feminina nos conventos e recolhimentos do Sudeste do Brasil, 1750-1822*. Rio de Janeiro: José Olympo Editora, 1993.

ALMEIDA, Carlos A. Ferreira de. Os caminhos e a assistência no Norte de Portugal. In: *A pobreza e a assistência aos pobres na Península Ibérica durante a Idade Média. Actas das 1ªs Jornadas Luso-Espanholas de História Medieval, Lisboa, 25-30 de Setembro de 1972*, t. I. Lisboa: Instituto de Alta Cultura, 1973, p. 39-57.

AMORIM, Inês. Misericórdia de Aveiro e Misericórdia da Índia no século XVII: procuradores dos defuntos. In: *I Congresso Internacional do Barroco, Actas 1*. Porto: Reitoria da Universidade do Porto/ Governo Civil do Porto, 1991, p. 113-137.

_____. Patrimônio e crédito: Misericórdia e Carmelitas de Aveiro (séculos XVII e XVIII), *Análise Social* 41: 180 (2006) 693-729.

ARANHA, Fr. Tomás. Sermão que pregou o R. Pe Thomaz Aranha... na Misericórdia desta cidade de Lisboa, no Officio, que faz pollas almas dos defunctos irmaõs da Casa, dia do glorioso S. Martinho no anno de 1644. Lisboa, por Domingos Lopes Rosa, 1645.

ARAÚJO, Ana Cristina. A morte em Lisboa. Atitudes e representações, 1700-1830, Lisboa, *Notícias*, 1997.

ARAÚJO, Mª Marta Lobo. *Dar aos pobres e emprestar a Deus: as Misericórdias de Vila Viçosa e Ponte de Lima (séculos XVI-XVIII)*. Barcelos: SCM de Vila Viçosa/SCM de Ponte de Lima, 2000.

_____. *Pobres, honradas e virtuosas: os dotes de D. Francisco e a Misericórdia de Ponte de Lima (1680-1850)*. Ponte de Lima: SCM, 2000a.

_____. Pedir para distribuir: os peditórios e os mamposteiros da Misericórdia de Melgaço na Época Moderna, *Boletim Cultural da Câmara Municipal de Melgaço* 4 (2005) 75-90.

_____. Marcas da guerra da Restauração nas Misericórdias portuguesas de fronteira. In: *Las relaciones discretas entre las Monarquias Hispana y Portuguesa: Las Casas de las Reinas (siglos XV-XIX)*, dir. José Martínez Millán; Mª Paula Marçal Lourenço. Madrid: Ed. Polifemo, 2008, vol. III, p. 2129-2150.

AVELLAR, Ana. *O compromisso de Confraria de Setúbal (1330). Edição Paleográfica*, diss. de mestrado, Lisboa, Universidade de Lisboa, 1996.

BALBINA, Ana. *Pobreza e assistência em Faro (1750-1800)*, diss. mestrado, Lisboa, Universidade de Lisboa, 2007.

BARREIRA, Manuel. *A Santa Casa da Misericórdia de Aveiro: poder, pobreza, solidariedade*. Aveiro: SCM, 1998.

BASTO, A. Magalhães. *História da Santa Casa da Misericórdia do Porto I*. 2ª ed, Porto: SCM, 1997 [1934].

_____. *História da Santa Casa da Misericórdia do Porto II*. Porto: SCM, 1999 [1964].

BEIRANTE, Mª Ângela. *Confrarias medievais portuguesas*. Lisboa: ed. do autor, 1990.

BELL, Catherine. *Ritual. Perspectives and dimensions*. Oxford: Oxford University Press, 1997.

BOSCHI, Caio C. *Os leigos e o poder (irmandades leigas e política colonizadora em Minas Gerais)*. São Paulo: Ática, 1986.

BOXER, C. R. *Portuguese society in the tropics. The municipal councils of Goa, Macao, Bahia and Luanda, 1510-1800*. Madison: The University of Wisconsin Press, 1965.

BRAGA, Isabel D. *Assistência, saúde pública e prática médica em Portugal, séculos XV-XIX*. Lisboa: Universitária Editora, 2001.

BRAGA, Paulo D. A crise dos estabelecimentos de assistência aos pobres nos finais da Idade Média, *Revista Portuguesa de História*, Coimbra, t. XXVI, 1991, p. 175-190.

CALVIN, Jean. *Institution de la religion chrestienne*, 5 vols. Paris, 1957-1963.

CÁMARA DEL RÍO, Manuel. *Beneficência y assistência social: la Santa y Real Hermandad, Hospital y Casa de Misericordia de Ceuta*. Ceuta: Instituto de Estudios Ceutíes, 1996.

CAPELA, José Viriato. O sistema eleitoral municipal. Eleições, representação e representatividade social nas instituições locais da Sociedade portuguesa de Antigo Regime. In: MARINHO, José da Silva. *Construction d'un gouvernement municipal. Elites, elections et pouvoir à Guimarães entre Absolutisme et Libéralisme (1753-1834)*. Braga: Universidade do Minho, 2000, p. 19-46.

CARDOSO, Mª Teresa. *Os presos da Relação do Porto entre a cadeia e a misericórdia (1735 a 1740)*, diss. mestrado, Braga, Universidade do Minho, 2005.

CARVALHO, Augusto. *Crónica do Hospital de Todos os Santos*. Lisboa: s. n., 1949.

CARVALHO, Joaquim Ramos; PIMENTEL, António Filipe & CERA, António Filipe. *História da Santa Casa da Misericórdia de Soure*. Soure: SCM, 2006.

CARVALHO, José Adriano de. Pauperismo e sensibilidade social en Espanha nos finais do século XVI, *Revista da Faculdade de Letras. Filologia*, vol. 1, 1974, p. 91-137.

CASTRO, Mª de Fátima. *A Misericórdia de Braga. Assistência material e espiritual (das origens a cerca de 1910)*. Braga: Ed. autor/SCM, 2006.

_____. *A Misericórdia de Braga: composição da irmandade, administração e recursos: (das origens a cerca de 1910)*. Braga: Ed. autor/SCM, 2003.

Catálogo da Sala Gomes Palma, 4º fasc. Beja: Typ. de "O Bejense", 1895.

CHIFFOLEAU, Jacques. *La comptabilité de l'au-delà. Les hommes, la mort et la religion dans la région d'Avignon à la fin du Moyen Âge (vers 1320- vers 1480)*. Rome: École Française de Rome, 1980.

CLAVERO, Bartolomé. *La grâce du don. Anthropologie catholique de l'économie moderne*. Paris: Albin Michel, 1996.

COATES, Timothy J. *Degredados e órfãs: colonização dirigida pela Coroa no império português (1550- 1755)*. Lisboa: CNCDP, 1998.

COELHO, Mª Helena Cruz. As confrarias medievais portuguesas: espaços de solidariedade na vida e na morte. In: *Cofradías, gremios, solidaridades en la Europa Medieval. XIX Semana de Estudios Medievales. Actas, Estella 92*. Navarra: Dep. de Educación y Cultura, 1992, p. 149-183.

_____ & MAGALHÃES, Joaquim Romero. *O poder concelhio. Das origens às Cortes Constituintes*. Coimbra: Edição do Centro de Estudos e Formação Autárquica, 1986.

COELHO, Pedro. *A Santa Casa da Misericórdia de Coimbra 1500-1700: o poder da caridade*, diss. mestrado, Porto, Universidade do Porto, 2003.

CORRÊA, Fernando Calapez. *Elementos para a história da Misericórdia de Lagos*. Lagos: SCM, 1998.

CORREIA, Fernando Silva. *Estudos sobre a história da assistência. Origens e formação das Misericórdias Portuguesas*. Lisboa: Henrique Torres Editor, 1944.

CORREIA, Gaspar. *Crónicas de D. Manuel e de D. João III (até 1533)*, ed. José Pereira da Costa. Lisboa: Academia das Ciências de Lisboa, 1992.

COSTA, Américo. *A Santa Casa da Misericórdia de Guimarães, 1650-1800: caridade e assistência no meio vimarense dos séculos XVII e XVIII*. Guimarães: SCM, 1999.

COSTA, Paula Cristina. *Os Terceiros Carmelitas da Cidade do Porto (1736-1786)*, diss. mestrado, Braga, Universidade do Minho, 1999.

COUTO, Firmino. *Subsídios para a história da Misericórdia de Vila do Conde*. Vila do Conde: SCM, 1998.

DIAS, Geraldo Coelho. História e memória: o mandato do lava-pés, *Theologica*, II série, vol. XXVIII, 1993, fasc. 2, p. 569-583.

DIONÍSIO, Paula. *A Santa Casa da Misericórdia da Póvoa do Varzim: assistência e caridade numa vila piscatória (1756-1806)*. Póvoa de Varzim: Câmara Municipal, 2005.

ELIAS, Luís. *A Misericórdia de Coimbra. Os irmãos, as suas práticas e a intervenção régia (1749-1784)*, diss. mestrado, Coimbra, Universidade de Coimbra, 2006.

ELIAS, Norbert. *O processo civilizacional*, 2 vols. Lisboa: Dom Quixote, 1989.

FERREIRA, Florival. *A Santa Casa da Misericórdia de Peniche (1626-1700). Subsídios para a sua história*. Peniche: Câmara Municipal-SCM, 1997.

FERREIRA, José Augusto. *Catálogo dos provedores da irmandade da Santa Casa da Misericórdia de Braga instituída pelo grandioso arcebispo D. Diogo de Sousa (1513?), séc. XVI-séc. XX*. Braga: Livraria Cruz, 1940.

FERREIRA, Mª de Fátima. O discurso historiográfico sobre assistência e pobreza nos finais de Oitocentos e primeiras décadas do século XX, *Cadernos do Noroeste* 11:2 (1998) 9-30.

FERREIRA, Manuel. *A Santa Casa da Misericórdia de Mértola (1674-1834)*, diss. mestrado, Coimbra, Universidade de Coimbra, 2008.

FERREIRA-ALVES, Natália (coord.). *A Misericórdia Vila Real e as Misericórdias no mundo de expressão portuguesa*. Porto-Vila Real: Cepese--SCM de Vila Real, 2011.

FLORES, Alexandre M. & COSTA, Paula A. Freitas. *Misericórdia de Almada: das origens à Restauração*. Almada: SCM, 2006.

FLYNN, Maureen. *Sacred charity. Confraternities and social welfare in Spain, 1400-1700*. London: The Macmillan Press, 1989.

FONSECA, Jorge (coord.). *A Misericórdia de Montemor-o-Novo: história e patrimônio*. Montemor-o-Novo: SCM-Tribuna da História, 2008.

FONSECA, Teresa. A Ordem Hospitaleira de S. João de Deus e a Misericórdia de Montemor-o-Novo: dois séculos de tensões, *Almansor* 5: 2ª série (2006) 43-52.

FORTUNA, A. *Misericórdia de Palmela. Vida e factos*. S. l.: SCM de Palmela, 1990.

FOUCAULT, Michel. *Surveiller et punir. Naissance de la prison*. Paris: Gallimard, 1993 [1975].

FRANCO, Renato. *Pobreza e caridade leiga – as Santas Casas de Misericórdia na América Portuguesa*, tese de doutoramento, São Paulo, Universidade de São Paulo, 2011.

FREITAS, Eugénio. *História da Santa Casa da Misericórdia do Porto*, vol. 3. Porto: SCM, 1995.

GALVIN, M. Credit and parochial charity in fifteenth-century Bruges, *Journal of Medieval History*, vol. 28, 2002, p. 131-154.

GANDELMAN, Luciana. *Mulheres para um império: órfãs e caridade nos recolhimentos femininos da Santa Casa da Misericórdia (Salvador, Rio de Janeiro e Porto - séc. XVIII)*, tese de doutoramento, Campinas, UNICAMP, 2005.

GEERTZ, Clifford. *O Estado Teatro no século XIX*. Lisboa, 1991 [1980].

GÉRANDO, Baron de. *Le visiteur du pauvre*. Paris, 1820.

GEREMEK, Bronislaw. *A piedade e a forca. História da miséria e da caridade na Europa*. Lisboa: Terramar, 1995 [1986].

GIGINTA, Manuel de. *Tratado de remedio de pobres*, ed. Felix Santolaria Serra. Barcelona: 2000 [1579].

GÓIS, Damião de. *Descrição da cidade de Lisboa...[1554]*. Lisboa, 2000.

GRACIAS, Fátima. *Beyond the self: Santa Casa da Misericórdia de Goa*. Panjim: Surya Publications, 2000.

GUEDES, Ana. *Os Colégios dos Meninos Órfãos (séculos XVII-XIX): Évora, Porto e Braga*. Lisboa: Imprensa de Ciências Sociais, 2006.

HENDERSON, John. *Piety and charity in late medieval Florence*. Oxford: Clarendon Press, 1994.

JARDIM, Mª Dina. *A Santa Casa da Misericórdia do Funchal: século XVIII: subsídios para a sua história*. Funchal: Centro de Estudos de História do Atlântico, 1996.

JESUS, Elisabete. *Poder, caridade e honra: o Recolhimento do Anjo do Porto (1672-1800)*, diss. mestrado, Porto, Universidade do Porto, 2006.

LE GOFF, Jacques. *O nascimento do Purgatório*. Lisboa: Estampa, 1993 [1981].

LINDBERG, Carter. *The European Reformations*. Oxford, 1996.

LITTLE, Lester K. *Religious poverty and the profit economy in Medieval Europe*. Ithaca, N.Y.: Cornell University Press, 1994 [1978].

LOPES, Mª Antónia. *Pobreza, assistência e controlo social em Coimbra 1750-1850*, 2 vols. Viseu: Palimage, 2000.

_____. As Misericórdias: de D. José ao final do século XX. In: *Portugaliae Monumenta Misericordiarum 1*, dir. José Pedro Paiva. Lisboa: Universidade Católica/UMP, 2002, p. 79-117.

_____. Imagens da pobreza envergonhada em Coimbra nos séculos XVII e XVIII: análise de dois róis da Misericórdia. In: *Homenagem da Misericórdia de Coimbra a Armando Carneiro da Silva (1912-1992)*, dir. Mª José Azevedo Santos. Coimbra: Palimage/SCM, 2003, p. 91-123.

_____. Provedores e escrivães da Misericórdia de Coimbra de 1700 a 1910. Elites e fontes de poder, *Revista Portuguesa de História* 36: 2 (2003-04) 203-274.

_____. Poor relief, social control and health care in 18th and 19th century Portugal. In: *Health Care and Poor Relief in 18th and 19th Southern Europe*, ed. Ole Peter Grell; Andrew Cunningham; Bernd Roeck. Aldershot: Ashgate Publishing, 2005, p. 142-163.

_____. Repressão de comportamentos femininos numa comunidade de mulheres: uma luta perdida no recolhimento da Misericórdia de Coimbra (1702-1743), *Revista Portuguesa de História* 37 (2005) 189-229.

_____. *Guia de estudo e investigação. Protecção social em Portugal na Idade Moderna*. Coimbra: Imprensa da Universidade, 2010.

LOPES, Mª José. *Misericórdia de Amarante: contribuição para o seu estudo*. Amarante: SCM, 2005.

MACHADO, Mª de Fátima. *Os órfãos e os enjeitados da cidade e do termo do Porto (1500-1580)*, diss. doutoramento, Porto, Universidade do Porto, 2010.

MAGALHÃES, Joaquim Romero. *O Algarve económico 1600-1773*. Lisboa, 1993.

MAGALHÃES, Vera. *O Hospital Novo da Misericórdia de Viseu: assistência, poder e imagem*, diss. mestrado, Coimbra, Universidade de Coimbra, 2008.

MARCÍLIO, Mª Luiza. *História social da criança abandonada*. São Paulo: Hucitec, 1998.

MARCOCCI, Giuseppe. La salvezza dei condannati a morte. Giustizia, conversioni e sacramenti in Portogallo e nel suo impero. In: *Misericordie. Conversioni sotto il patibolo tra Medioevo ed età moderna*, ed. A. Prosperi. Pisa: Edizioni della Normale, 2007, p. 189-255.

MARQUES, José. A assistência no Norte de Portugal nos finais da Idade Média, *Revista da Faculdade de Letras. História*, Porto, 2ª série, 6 (1989) 11-93.

MARTINS, J. F. Ferreira. *História da Misericórdia de Goa (1520-1910)*, 3 vols. Nova Goa: Imprensa Nacional, 1910-14.

MATA, Luís. *Ser, ter e poder. O hospital do Espírito Santo de Santarém nos finais da Idade Média*. Leiria: Edições Magno, 2000.

MATOS, Artur Teodoro de. *O Estado da Índia nos anos de 1581-1588. Estrutura administrativa e económica. Alguns elementos para o seu estudo*. Ponta Delgada: Universidade dos Açores, 1982.

MATTOSO, José. A utilização dos *diálogos* de Gregório Magno pelo Libro de los Exemplos. In: *O Reino dos Mortos na Idade Média Peninsular*, dir. J. Mattoso. Lisboa: Sá da Costa, 1995, p. 233-238.

_____. Os rituais da morte na liturgia hispânica (séculos VI a XI). In: *O Reino dos Mortos na Idade Média peninsular*, dir. J. Mattoso. Lisboa: Sá da Costa, 1995, p. 55-74.

MEDEIROS, João. *A Santa Casa da Misericórdia de Vila Franca do Campo: funcionamento e património*, diss. mestrado, Ponta Delgada, Universidade dos Açores, 2003.

MENNING, Carol Bresnahan. The Monte's "Monte": the early Supporters of Florence's Monte di Pietà, *Sixteenth Century Journal*, vol. 23, 1992, n. 4, p. 661-676.

MESQUIDA, Juan O. Origin of the 'Misericordia' of Manila, *Ad Veritatem* 2 (2003) 423-462.

_____. Negotiating the boundaries of civil and ecclesiastical powers: the Misericordia of Manila (1594-1780s). In: *Brotherhood and boundaries. Fraternità e barriere*, a cura di S. Pastore, A. Prosperi e N. Terpstra. Pisa: Edizioni della Normale, 2011, p. 519-539.

MESTRE, Sílvia & LOJA, Marco. O hospício de Nossa Senhora da Piedade de Évora: uma instituição assistencial pós-tridentina. In: *Igreja, Caridade e Assistência na Península Ibérica (séculos XVI-XVIII), Actas, Évora, 2003*, ed. L. Abreu. Lisboa: Colibri, 2004, p. 291-298.

MIGUÉNS, Mª Isabel. *O tombo do Hospital e Gafaria do Espírito Santo de Sintra*. Cascais: Patrimonia, 1997.

MINOIS, Georges. *História dos infernos*. Lisboa: Teorema, 1997 [1991].

MONTEIRO, Nuno G. O endividamento aristocrático (1750-1832): alguns aspectos, *Análise Social* 116-117 (1992) 263-283.

_____. *O crepúsculo dos grandes*. Lisboa: Imprensa Nacional, 1999a.

_____. Noblesse et aristocratie au Portugal sous l'Ancien Régime (XVIIe - début du XIXe siècle), *Revue d'Histoire Moderne et Contemporaine*, vol. 46, 1999b, n. 1, p. 185-210.

MORAIS, Mª Antonieta. *Pintura dos séculos XVIII e XIX na galeria de retratos de benfeitores da Santa Casa de Misericórdia do Porto*, 3 vols., diss. mestrado, Porto, Universidade do Porto, 2001.

MOREIRA, Rafael. As Misericórdias: um património artístico da humanidade. In: *500 Anos das Misericórdias Portuguesas*. Lisboa: Comissão para as Comemorações dos 500 Anos das Misericórdias, 2000, p. 134-164.

MOURO, Manuel. *A Santa Casa da Misericórdia de Santo António de S. Pedro do Sul*. Lisboa: Colibri, 2004.

MUIR, Edward. *Ritual in early Modern Europe*. Cambridge: Cambridge University Press, 1997.

NEVES, Amaro. *A Misericórdia de Aveiro nos séculos XVI e XVII: a mayor do mundo, pois o he do reyno*. Aveiro: SCM, 1998.

NEVES, Baltazar Soares. *Sistemas de solidariedade em Cabo Verde: Santa Casa da Misericórdia da Ribeira Grande, Confrarias e Poder (1500-1834)*, diss. de doutoramento, Porto, Universidade do Porto, 2011.

OLIVEIRA, António. A Santa Casa da Misericórdia de Coimbra no contexto das instituições congéneres. In: *Memórias da Misericórdia de Coimbra: Documentação & Arte*, coord. Pedro Ferrão et. al. Coimbra: Misericórdia, 2000, p. 11-41.

OLIVEIRA, Marta T. Escocard. As Misericórdias e a assistência aos presos, *Cadernos do Noroeste*, vol. 11, 1998, n. 2, p. 65-81.

_____. *Justiça e caridade: a produção social dos infratores pobres em Portugal, séculos XIV ao XVIII*, tese de doutoramento, Niterói, Universidade Federal Fluminense, 2000.

PAIVA, José Pedro. O episcopado e a "assistência" em Portugal na Época Moderna. In: *Igreja, caridade e assistência na Península Ibérica (séculos XVI-XVIII)*, Actas, Évora, 2003, ed. L. Abreu. Lisboa: Colibri, 2004, p. 167-196.

_____. O movimento fundacional das Misericórdias (1498-1910). In: *A solidariedade nos séculos: a confraternidade e as obras*. Actas do I Congresso de História da Santa Casa da Misericórdia do Porto. Porto: SCM, 2009, p. 397-412.

PARK, Katharine & HENDERSON, John. "The First Hospital among Christians": the Ospedale di Santa Maria Nuova in Early Sixteenth Century Florence, *Medical History* 35 (1991) 164-188.

PEREIRA, Gabriel. *Documentos históricos da Cidade de Évora*. Lisboa: Imprensa Nacional, 1998 [1887].

PEREIRA, Mª das Dores. *Entre ricos e pobres: a actuação da Santa Casa da Misericórdia de Ponte da Barca (1630-1800)*. Ponte da Barca: SCM, 2008.

PULLAN, Brian. *Rich and poor in Renaissance Venice. The social institutions of a Catholic State, to 1620*. Oxford: Basil Blackwell, 1971.

RAPOSO, Abrantes & APARÍCIO, Victor. *Os Palmeiros e os Gafos de Cacilhas. Ensaio*. Cacilhas: Junta de Freguesia de Cacilhas, 1989.

REIS, Mª de Fátima. A Ermida do Espírito Santo da Ericeira e a criação da Misericórdia: identidade e autoridade num conflito de espaços, *Revista Portuguesa de História*, 36: 1 (2003-04) 541-554.

_____. A Misericórdia de Santarém: estruturação e gestão de um património, *Cadernos do Noroeste*, Série História 3 (2003) 485-496.

_____. *Os expostos em Santarém: a acção social da Misericórdia (1691-1710)*. Lisboa: Cosmos, 2001.

RIBEIRO, António Magalhães. *Práticas de caridade na Misericórdia de Viana da Foz do Lima (Séculos XVI-XVIII)*, tese de doutoramento, Braga, Universidade do Minho, 2009.

RIBEIRO, Victor. *A Santa Casa da Misericórdia de Lisboa: subsídios para a sua história*. 2ª ed. Lisboa: Academia das Ciências, 1998 [1902].

RICCI, Giovanni. *Povertà, vergogna, superbia. I declassati fra Medioevo e Età Moderna*. Bologna: Il Mulino, 1996.

ROCHA, Helena. *A Misericórdia do Funchal no século XVI. Alguns elementos para o seu estudo*, diss. mestrado, Lisboa, 1995.

RODRIGUES, Martinho. *A Santa Casa da Misericórdia de Santarém: cinco séculos de história*. Santarém: SCM, 2004.

ROSA, Mª de Lurdes. *As almas herdeiras: fundação de capelas fúnebres e afirmação da alma como sujeito de direito (Portugal, 1400-1521)*, tese de doutoramento, Lisboa, Universidade Nova, 2004.

RUAS, João; PESTANA, Manuel et. al. (coord.). *500 anos - Santa Casa da Misericórdia de Estremoz*. Estremoz: SCM de Estremoz, 2002.

RUSSELL-WOOD, A. J. R. *Fidalgos and philanthropists. The Santa Casa da Misericórdia of Bahia, 1550-1755*. London: Macmillan, 1968.

S. JOSÉ, Frei Jerónimo de. *História chronologica da esclarecida Ordem da SS. Trindade, redempção de cativos, da província de Portugal ...*, 2 tomos. Lisboa, 1789.

SÁ, Isabel G. *A assistência aos expostos no Porto. Aspectos institucionais (1519-1838)*, diss. mestrado, Porto, Universidade do Porto, 1987.

_____. *A circulação de crianças na Europa do Sul: o exemplo da Casa da Roda do Porto no século XVIII*. Lisboa: Gulbenkian, 1995.

_____. Shaping social space in the centre and periphery of the Portuguese Empire: the example of the Misericórdias from the sixteenth to the eighteenth century. In: *Portuguese Studies. Papers given at the Conference Strangers Within Orthodoxy, Dissent and the Ambiguities of Faith in the Portuguese Renaissance, University of London 30 June-2 July 1994*, volumes 11 (1995) 12 (1996) 13 (1997) 210-221.

_____. *Quando o rico se faz pobre: Misericórdias, caridade e poder no império português, 1500-1800*. Lisboa: CNCDP, 1997a.

_____. Misericórdias, portugueses no Brasil e "brasileiros". In: *Os brasileiros de torna-viagem no Noroeste de Portugal*. Lisboa: CNCDP, 2000, p. 117-133.

_____. A Misericórdia de Gouveia. In: *Jornadas Históricas do Concelho de Gouveia*, 22-24 Março 2001 (http://hdl.handle.net/1822/4819).

_____. Estatuto social e discriminação: formas de selecção de agentes e receptores de caridade nas misericórdias portuguesas ao longo do Antigo Regime. In: *Saúde. As Teias da Discriminação Social, Actas*. Braga, Universidade do Minho, 2002, p. 303-334.

_____. Ganhos da terra e ganhos do mar: caridade e comércio na Misericórdia de Macau (séculos XVII e XVIII), *Ler História* 44 (2003) 45-57.

_____. Memória, mitos e historiografia das Misericórdias Portuguesas. In: *Portugaliae Monumenta Misericordiarum 10*, Lisboa, UMP-Universidade Católica, 2012 (em fase de publicação).

SALGADO, Abílio & SALGADO, Anastácia (eds.). *Registos dos reinados de D. João II e de D. Manuel I*. Lisboa, 1996.

SALGADO, Anastásia. O hospital de Todos-os-Santos e os bens confiscados aos mouros, judeus e cristãos-novos, *História e Filosofia* 4 (1986) 653-669.

SANTOS, Graça. *A Assistência da Santa Casa da Misericórdia de Tomar: os expostos, 1799-1823*. Tomar: SCM, 2002.

SANTOS, Rui. Senhores da terra, senhores da vila: elites e poderes locais em Mértola no século XVIII, *Análise Social*, 28:121 (1993) 345-369.

SÃO PAULO, Jorge de. *O Hospital das Caldas da Rainha até ao ano de 1656*, 3 vols. Lisboa: Academia das Ciências, 1967-1968.

SCHAMA, Simon. *The embarassment of riches. An interpretation of the Dutch culture in the Golden Age*. Nova Iorque, 1997 [1987].

SEABRA, Leonor. *A Misericórdia de Macau (séculos XVI a XIX): irmandade, poder e caridade na idade do comércio*. Porto/Macau: Universidade do Porto-Universidade de Macau, 2011.

SERRA, Manuel. As duas confrarias da Misericórdia e as duas confrarias dos Mareantes de Viana de Foz do Lima do século XVI, *Estudos Regionais* 16 (1995) 73-94.

SERRÃO, Joaquim Veríssimo. *A Misericórdia de Lisboa. Quinhentos anos de História.* Lisboa: Livros Horizonte, 1998.

SILVA, Ana Isabel Coelho. As propriedades da Confraria de São Francisco/Santa Casa da Misericórdia de Ponte de Sor no último quartel do século XVIII, *Estudos* 3 (2004) 645-699.

SILVA, Francisco Ribeiro. A Misericórdia de Santa Maria da Feira, breve notícia histórica, *Revista da Faculdade de Letras. História*, 2ª série, 12 (1995) 355-370.

SILVA, Mário. *A Santa Casa da Misericórdia de Montemor-o-velho: espaço de sociabilidade, poder e conflito: 1546-1803*, diss. mestrado, Coimbra, Universidade de Coimbra, 1996.

SIMÕES, João Miguel. *História da Santa Casa da Misericórdia de Borba.* Borba: SCM, 2006.

SOBRAL, José. Religião, relações sociais e poder. A Misericórdia de F. no seu espaço social e religioso (séculos XIX-XX), *Análise Social* 25:107 (1990) 351-373.

SOUSA, Ivo C. O compromisso primitivo das Misericórdias Portuguesas: 1498-1500, *Revista da Faculdade de Letras*, Porto, vol. 2, 1996, n. 13, p. 259-306.

_____. *Da descoberta da Misericórdia à fundação das Misericórdias.* Porto: Granito, 1999.

_____. *A rainha D. Leonor (1458-1525): poder, misericórdia, religiosidade e espiritualidade no Portugal do Renascimento.* Lisboa: Fundação Calouste Gulbenkian/ Fundação para a Ciência e a Tecnologia, 2002.

SOYER, François. *The persecution of the Jews and Muslims of Portugal. King Manuel I and the end of religious tolerance (1496-7).* Leiden: Brill, 2007.

VALLECILLO TEODORO, Miguel Angel. *Historia de la Santa Casa de Misericordia de Olivenza: 1501-1970.* Badajoz: Santa Casa de la Misericordia de Olivenza, 1993.

VAN GENNEP, Arnold. *Os ritos de passagem.* Petrópolis: Vozes, 1978.

VAN LEEUWEN, Marco. *The logic of charity. Amsterdam, 1800-1850.* London: Macmillan Press, 2000.

VENÂNCIO, Renato. *Famílias abandonadas: assistência à criança de camadas populares no Rio de Janeiro e em Salvador - séculos XVIII e XIX.* Campinas: Papirus, 1999.

VIÇOSO, Mª Isabel. *História da Misericórdia de Chaves: 500 anos de vida*. Chaves: SCM, 2007.

VIEIRA, António. *Sermam das obras de misericórdia...* Lisboa: 1753.

WEISSMAN, Ronald F. E. Brothers and strangers: confraternal charity in Renaissance Florence, *Historical Reflections*, vol. 15, 1988, n. 1, p. 27-45.

WOOLF, Stuart. Prefácio. Ideologias e práticas de caridade na Europa ocidental do Antigo Regime. In: SÁ, Isabel G. *Quando o rico se faz pobre: Misericórdias, caridade e poder no império português, 1500-1800*. Lisboa: CNCDP, 1997, p. 7-13.

XAVIER, Ângela B. Amores e desamores pelos pobres: imagens, afectos e atitudes (sécs. XVI e XVII), *Lusitania Sacra*, 2ª série, 11 (1999) 59-85.

Lista de abreviaturas

CNCDP Comissão Nacional para as Comemorações dos Descobrimentos Portugueses

Cap. Capítulo

UMP União das Misericórdias Portuguesas

PMM *Portugaliae Monumenta Misericordiarum*, Lisboa, 10 vols. 2002-

Nota importante: toda a legislação régia citada se pode encontrar no site *Fontes Históricas do Direito Português*, no endereço http://iuslusitaniae.fcsh.unl.pt/.

Livros publicados pela Coleção FGV de Bolso

(01) *A história na América Latina – ensaio de crítica historiográfica* (2009)
de Jurandir Malerba. 146p.
Série 'História'

(02) *Os Brics e a ordem global* (2009)
de Andrew Hurrell, Neil MacFarlane, Rosemary Foot e Amrita Narlikar. 168p.
Série 'Entenda o Mundo'

(03) *Brasil-Estados Unidos: desencontros e afinidades* (2009)
de Monica Hirst, com ensaio analítico de Andrew Hurrell. 244p.
Série 'Entenda o Mundo'

(04) *Gringo na laje – produção, circulação e consumo da favela turística* (2009)
de Bianca Freire-Medeiros. 164p.
Série 'Turismo'

(05) *Pensando com a sociologia* (2009)
de João Marcelo Ehlert Maia e Luiz Fernando Almeida Pereira. 132p.
Série 'Sociedade & Cultura'

(06) *Políticas culturais no Brasil: dos anos 1930 ao século XXI* (2009)
de Lia Calabre. 144p.
Série 'Sociedade & Cultura'

(07) *Política externa e poder militar no Brasil: universos paralelos* (2009)
de João Paulo Soares Alsina Júnior. 160p.
Série 'Entenda o Mundo'

(08) *A mundialização* (2009)
de Jean-Pierre Paulet. 164p.
Série 'Sociedade & Economia'

(09) *Geopolítica da África* (2009)
de Philippe Hugon. 172p.
Série 'Entenda o Mundo'

(10) *Pequena introdução à filosofia* (2009)
de Françoise Raffin. 208p.
Série 'Filosofia'

(11) *Indústria cultural – uma introdução* (2010)
de Rodrigo Duarte. 132p.
Série 'Filosofia'

(12) *Antropologia das emoções* (2010)
de Claudia Barcellos Rezende e Maria Claudia Coelho. 136p.
Série 'Sociedade & Cultura'

(13) *O desafio historiográfico* (2010)
de José Carlos Reis. 160p.
Série 'História'

(14) *O que a China quer?* (2010)
de G. John Ikenberry, Jeffrey W. Legro, Rosemary Foot e Shaun Breslin. 132p.
Série 'Entenda o Mundo'

(15) *Os índios na História do Brasil* (2010)
de Maria Regina Celestino de Almeida. 164p.
Série 'História'

(16) *O que é o Ministério Público?* (2010)
de Alzira Alves de Abreu. 124p.
Série 'Sociedade & Cultura'

(17) *Campanha permanente: o Brasil e a reforma do Conselho de Segurança das Nações Unidas* (2010)
de João Augusto Costa Vargas 132p.
Série 'Sociedade & Cultura'

(18) *A construção da Nação Canarinho – uma história institucional da seleção brasileira de futebol 1914-70* (2010)
de Carlos Eduardo Sarmento. 148p.
Série 'História'

(19) *Obama e as Américas* (2011)
de Abraham Lowenthal, Laurence Whitehead e Theodore Piccone. 210p.
Série 'Entenda o Mundo'

(20) *Perspectivas macroeconômicas* (2011)
de Paulo Gala. 134p.
Série 'Economia & Gestão'

(21) *A história da China Popular no século XX* (2012)
de Shu Sheng. 204p.
Série 'História'

(22) *Ditaduras contemporâneas* (2013)
de Maurício Santoro. 140p.
Série 'Entenda o Mundo'

(23) *Destinos do turismo – percursos para a sustentabilidade* (2013)
de Helena Araújo Costa. 166p.
Série 'Turismo'

(24) *A construção da Nação Canarinho – uma história institucional da seleção brasileira de futebol, 1914 - 1970* (2013)
de Carlos Eduardo Barbosa Sarmento. 180p.
Série 'História'

(25) *A era das conquistas – América espanhola, séculos XVI e XVII* (2013)
de Ronaldo Raminelli. 180p.
Série 'História'

Impresso nas oficinas da
SERMOGRAF - ARTES GRÁFICAS E EDITORA LTDA.
Rua São Sebastião, 199 - Petrópolis - RJ
Tel.: (24)2237-3769